KB054313

신인문학
경영의 지혜

신인문학 경영의 지혜

인문학에서 경영의 길을 찾다

선호상 지음

미래북
miraebook

추천사

인문학이 열풍이다. 인문학은 인간의 가치를 탐구하는 까닭에 상황이 불확실할수록 더욱 빛을 발한다. 애플의 창업자 스티브 잡스는 "애플은 항상 인문학과 기술의 갈림길에서 고민한다"라며 인문학의 중요성을 강조했다. 선호상 회장이 창업자로서 항상 앞서가는 이유도 인문학적 배경에 그 원동력이 있다. 이번에 나온 『신인문학 경영의 지혜』는 창업을 꿈꾸고 기업의 영속성을 바라는 경영자들에게 4차 산업혁명 시대를 헤쳐나갈 지혜와 방안을 제시하고 있다.

창업은 곧 통찰력이며 참 매력적인 일이다. 통찰력 없이 사업에 뛰어드는 사람들을 보면 안타깝다. 통찰력은 하루아침에 만들어지지 않는다. 동서 고전을 읽고 알게 되는 것이 통찰의 힘이다. 특히 내용에서 통찰은 예리한 관찰력으로 세상을 꿰뚫어 보는 것을 말하며, 동시에 처음부터 끝까지 모두 훑어 두루 살펴보는 것을 말한다. 그리고 모든 회사에는 위기가 온다. 위기 극복의 지혜, 정확한 정세 판단과 심리적으로 위기를 극복한 이야기, 또 인문학에서 배우는 리더의 자기관리는 경영자들에게 많은 도움을 줄 것이다.

또한 독서경영 도입 부분에서 책을 읽고 토론하면서 책 속에서 지식과 정보 기술, 노하우, 아이디어, 영감 등을 얻고 다양한 방식의 관리를 통해 전파하거나 공유함으로써 개인과 기업의 생산성을 높여가는 것은 신선한 경영 기법이다. 따라서 독서경영은 급변하는 세계 경제 환경에서 생존을 위한 필수조건이 되며, 세계적인 리더들의 공통적인 경쟁력의 요소가 되고 있다. 독서경영의 효과로 기업적인 측면에서만 볼 때 토론 문화의 정착, 주인의식 및 애사심 고취, 부서 간의 장벽 제거, 경영이념과 비전의 공유, 생산성 및 기업 성과의 향상 등을 들 수 있다.

계속기업을 바라는 경영자와 창업을 준비하는 미래의 경영자에게 필독하기를 권하며, 독서는 머리로 하는 여행이고 여행은 몸으로 하는 독서이니 열 번 강조해도 좋은 말이다.

_양병무 인천재능대 교수, 『행복한 논어 읽기』 저자

추천사

나는 작가이며 회사 경영자, 자선사업가로서 바쁜 나날을 보내는 중에 예전부터 잘 알고 지내는, 지인들 사이에서 책을 많이 읽기로 소문난 선호상 회장의 원고를 받고 깊은 감동을 받았다. 특히 '인문학에서 경영의 길을 찾다'라는 제목이 너무 좋았다.

지금 우리나라 청년들은 대학을 졸업하면 대기업이나 공무원 취직 시험에 몰두하지만, 가까운 나라인 중국과 일본의 청년들은 모두 창업에 매달린다. 왜 이런 현상이 일어날까? 독서를 하지 않아서 그렇다고 생각한다. 특히 동서양 고전과 역사서를 많이 읽어야 한다. 입시 위주의 학교생활, 단답형의 질문 등 공립교육의 잔재가 미국에서 일본을 거쳐 한국에 뿌리내린 것이다. 이젠 우리도 심기일전하여 선진국 대열에 올라가려면 국민 대다수가 독서를 해야 한다. 그러면 한국의 미래가 밝아질 것이라 생각한다. 경제, 정치, 사회, 문화 또한 더욱 그렇다고 본다.

본문 중 리더의 덕목 편『목민심서』서문에 군자의 학문은 자신의 수양이 반이요, 나머지 반은 목민이라고 했다. 고을을 다스리는 목민, 다시 말하면 오늘날의 군수와 같은 지위에 있는 지도자가 고을을 다스리며 지켜야 할 첫 번째 덕목으로 타인을 다스리기에 앞서 자신을 다스려야 한다는 것이다. 이러한 주장은 오늘날 리더가 갖추어야 할 덕목으로 충분한 가치가 있다고 생각한다. 타인을 잘 다스리기 위해서는 먼저 자신을 잘 다스려야 한다는 말은 비단 정약용의『목민심서』뿐만 아니라, 사서삼경『대학』에서도 가르친 말이다.『대학』에서 자신을 다스리라는 말을 다음과 같이 표현했다. "修身齊家治國平天下수신제가치국평천하" 즉 먼저 자기 몸을 바르게 닦고 그 후에 가정을 돌보며, 그 후에 나라를 다스리고 태평하게 하라는 말이다. 그런 심정으로 나는 소설『목민심서』를 집필했고 문체부, 국방부에서 교육 필독서로 선정되어 학생, 군인은 물론 많은 직장인, CEO분들이 읽고 지인들에게도 추천한 것으로 안다.『신인문학 경영의 지혜』이 책도 그런 책이 되길 바라는 마음이다.

오늘이 당신의 인생에 남은 첫날이라 생각하고 후회 없는 독서로 밝은 미래를 만들어 나가길 바란다.

_황인경 소설『목민심서』저자

인문학을 통해 창업과
기업 경영의 지혜를 배우자

오늘날 취업이 어려워지면서 많은 사람들이 창업에 관심을 가지고 있다. 그러나 아무런 준비도 없이 그저 열정만으로 창업에 뛰어들었다가 실패하는 사람들이 부지기수다. 2014년 통계에 의하면 창업을 한 후 1년 생존률이 62.4%에 불과하다. 다시 말해서 고작 1년 사업을 하고는 문 닫는 사람이 40%에 달한다는 이야기다. 창업은 그만큼 어렵다는 이야기다. 사람들은 창업과 자영업을 구분하지 못한다. 혼자서 하는 사업은 창업이 아니라 자영업이다. 모름지기 창업을 하려 한다면 함께할 사람을 모아야 한다.

중국의 최대 교육기업 신동방 창업자 위민홍에 의하면 "창업은 집에 있는 개를 늑대로 만드는 과정"이라고 한다. 개를 늑대로 만들기 위해선 그만큼 철저한 준비와 마인드가 장착되어 있어야 한다.

한漢나라를 세운 유방은 그 당시 작은 고을에 원님 같은 지위, 지금 같으면 읍장에 해당되는 자리에 있었으나 거기에 만족하지 않고 반란을 일으켜 성공했다. 유방은 사회생활을 통해서 얻은 경험이 풍부했다. 지방 관료로 일했기 때문에 중국의 관료조직 시스템을 꿰뚫고 있었다. 무언가 일을 해내려면 인재를 모으고 조직을 구성하는 일이 중요하다는 것을 안 유방은 초기부터 인재를 구성하는 데 착수했다.

둘째로 유방은 적재적소에 인재를 배치할 줄 알았다. 그는 무턱대고 사람을 쓰지 않고 그 자리에 최적의 사람을 써서 최상의 결과를 가져왔다. 나라가 갖춰지기 전에 이미 유방의 조직은 견고하게 세워졌다. 그 결과 한나라를 세우는 데에 성공한 것이다.

창업도 마찬가지다. 창업에 성공하려면 거기에 필요한 배경과 조건을 갖추어야 한다. 그런데 어떻게 사업을 시작하고 운영할지 제대로 생각지도 않고, 아무런 경험도 없이 사업을 하겠다는 열정 하나만 으로 뛰어들어서는 안 된다. 유방처럼 창업을 하려면 철저히 준비를 해야 한다.

기업 경영에 성공하려면 기업 운영자, 즉 CEO, 고객, 파트너, 투자자 이 네 그룹의 관계가 잘 유지되어야 한다. 그런데 이 네 그룹 모두 사람이다. 따라서 사람에 대한 공부, 즉 인문학이 경영에 필요한 것이다. 인문학은 말 그대로 사람에 대한 학문이다. 또한 기업을 경영한다는 것은 개인과 사회가 필요로 하는 것을 고민하고 깨달은 후, 그 필요를 다양한 사람과 조직을 통해 제공하는 행동이다. 때문에 사람과 사회에 대한 통찰력은 기업의 궁극적 목적인 사회의 필요를 충족시키는 것과 이를 위한 노력을 하는 데 필수적이다. 이 통찰력은 경영 실무를 넘어서 우리의 일과 삶에 큰 영향을 미친다. 그런데 이 통찰력은 바로 인문학을 통해서 구할 수 있는 것이다. 인문학이 통찰력의 밑거름인 것이다.

통찰력은 예리한 관찰력으로 사물과 세상을 꿰뚫어 보는 힘이며, 사실을 처음부터 끝까지 두루 훑어보는 힘이다. 통찰력이 있을 때 사람을 제대로 판단할 수 있으며, 현실을 똑바로 볼 줄 아는 능력도 가지게 된다. 통찰력으로 무장을 하면 위험 부담이 많은 창업에 감히 도전할 수 있다. 오늘날 글로벌 시대, 디지털 시대로 급변하고 있는 사태에 능동적으로 대처하기 위해서는 더욱더 통찰력이 필요하다. 이토록 중요한 통찰력은 오로지 인문학을 통해서 구하게 되는 것이다. 뿐만 아니라 창업에 필요한 아이디어, 창의력 등도 인문학을 통해서 그 힌트를 얻을 수 있으며, 그것을 구하는 방법 역시 인문학을 통해서 배울 수 있는 것이다.

더 나아가서 기업을 유지하고 발전시켜 나가는 비결, 경영의 성공과 실패를 좌우하는 사람관리에 대해서도 인문학을 통해서 그 비법을 알 수 있으며, 기업을 하다가 한두 번은 반드시 만나게 되는 위기를 어떻게 극복할 수 있는지 위기 극복의 방법과 리더의 자기관리에 대해서 역사적으로 위기를 헤치고 대업을 이룬 위인들의 전기, 즉 역사를 통해서 배울 수 있는 것이다.

본서는 경영을 하는 데 필요한 안목과 지혜, 그리고 성공의 비결 등을 인문학적인 시각으로 제시했다. 필자는 현재 기업을 이끌고 있는 CEO뿐만 아니라 창업 준비에 몰두하고 있는 창업 예비자, 앞으로 리더를 꿈꾸고 있는 젊은이들과 학생들이 도전적이고 자신의 고도를 끌어올릴 수 있는 일을 하는 데에 도움이 되기를 바라는 마음으로 본서를 집필했다. 본서가 기업가로서뿐만 아니라 각 분야에서 성공한 리더가 되어 사회에 이바지하려는 꿈을 이루는 데에 도움이 되기를 간절히 바란다.

끝으로 필자를 인문학 저자로서 어려운 환경에서도 끝까지 믿어주고 후원해준 창조명인 이주민 대표이사에게 깊은 감사와 고마움을 느끼며, 약 15년 전부터 물심양면 도와주신 온페이스 대표이사 박경현 회장님과 온페이스 가족 여러분께 너무 감사드린다.

오늘이 남은 인생의 첫날이라고 항상 독려해주고 용기를 불어넣어 준 나의 아내 이주민, 그리고 가족 진만, 승진, 광영, 동영, 보경에게 이 책을 바친다. 끝없는 조언과 지도 편달로 4번째 책을 내는 꿈만 같은 일을 실현시켜주신 미래북 임종관 대표님께도 아무쪼록 감사의 말씀을 전하며 보다 발전한 모습에 감탄할 따름이다.

관악산에서 저자 선호상

CONTENTS

추천사 *4*
Prologue *8*

—— Chapter 1 ——

창업의 지혜,
인문학에서 얻다

통찰력의 힘, 인문학에서 구하라   *21*

창업 성공의 필요조건, 인문학적 상상력   *26*

신언서판身言書判을 통해서 알아보는 창업자의 덕목   *30*

『갈리아 전쟁기』를 통해서 배우는 창업가의 자질   *34*

창업에 필요한 창의성 키우기   *38*

영국 프리미어리그에서 배우는 창의성   *42*

많은 업적을 남긴 인사들을 통해서 배우는 아이디어 구하기   *47*

창업에 필요한 아이디어를 얻는 2가지 원칙   *54*

성공적인 창업 전략   *58*

—— Chapter 2 ——

성장과 유지의 비결,
인문학에서 배우다

창업보다 어려운 수성의 길   67

청나라 강희제를 통해 기업의 성장 비결을 알아보자   72

변화에 대한 적응력, 인문학에서 배우다   76

인문학에서 배우는 장수 CEO의 성공비결   79

역사를 통해 기업의 성장과 쇠락의 비밀을 배운다   83

경영의 실패 원인을 『삼국지』에서 배우다   87

농구 황제 마이클 조던으로부터 배우는 실패의 교훈   91

Chapter 3

사람 관리의 비결,
인문학에서 배우다

조조로부터 배우는 용인술의 원칙	99
현명한 자가 현명한 자를 얻는다	104
기업의 후계승계, 조조로부터 배운다	107
훌륭한 2인자를 맞이하는 방법, 유비로부터 배우자	111
유비와 공명을 통해 공동경영의 지혜를 배우다	115
후계자가 지켜야 할 덕목, 『삼국지』에서 배우자	119
유방으로부터 부하 관리의 지혜를 배우자	123
인재양성의 지혜, 인문학에서 익히자	127
동기부여의 지혜, 나폴레옹 1세로부터 듣는다	130

— Chapter 4 —

위기 극복의 지혜,
인문학이 가르친다

니세르로부터 위기를 대비한 준비의 지혜를 배운다   *137*

전쟁 발발을 가정한 외교정책으로 나라를 지킨 광해   *141*

선택과 집중으로 위기를 극복하다   *145*

위기 극복의 의지력, 작가 조앤 롤링으로부터 얻자   *150*

정확한 정세 판단과 심리전으로 위기를 극복하다   *155*

핵심 인물로 조직을 개편하여 위기를 극복하다   *159*

레이건, 원칙을 지켜 위기를 극복하다   *163*

유능한 인사를 발탁하여 위기를 극복하다   *168*

Chapter 5

경쟁과 협력의 가치,
인문학을 통해 배우다

협력의 가치, 포도농장 주인들로부터 깨닫는다   *175*

위험도 함께 나누는 협력의 힘   *179*

핵심 지역 농민들을 기반으로 삼아 성공한 조조   *183*

이종격투기에서 배우는 기업의 생존법   *187*

엄홍길이 경쟁력을 가르치다   *192*

싸우면 함께 망한다는 교훈, 우화에서 배우다   *196*

다윈과 베르그송이 제시하는 경쟁력 기르는 법   *201*

경쟁의식을 고취하라   *204*

—— Chapter 6 ——

인문학에서 배우는
리더의 자기관리

노자와 장자가 알려주는 리더가 되는 두 갈래의 길   *211*

훌륭한 인격을 갖추도록 노력한다   *215*

『대학』에서 배우는 리더의 덕목   *218*

분수를 모르고 살면 다 함께 망한다   *222*

돈의 양면성에 대한 인문학의 가르침   *226*

경영자의 최고의 조건, 경험   *231*

경험보다 더 좋은 선생은 없다   *234*

진정한 리더는 처음과 끝이 같아야 한다   *238*

중국 고전에서 리더의 효과적인 휴식방법을 익힌다   *241*

통찰력의 힘

인문학에서   구하라

Chapter 1

창업의 지혜,

인문학에서 얻다

철학과 윤리학을 통해서 기업인이 되기 전에 한 인간
으로서 앞으로 어떻게 살아야 할지 그 방향을 찾을 수
있고, 심리학을 통해서 인간의 본성을 깨달아 관계되
는 사람들과의 인간관계를 이루는 데에 도움을 구할
수 있고, 역사를 배움으로써 많은 업적을 이룬 위인들
의 삶을 통해 기업을 이끌어 가는 데에 필요한 교훈을
얻을 수 있다.

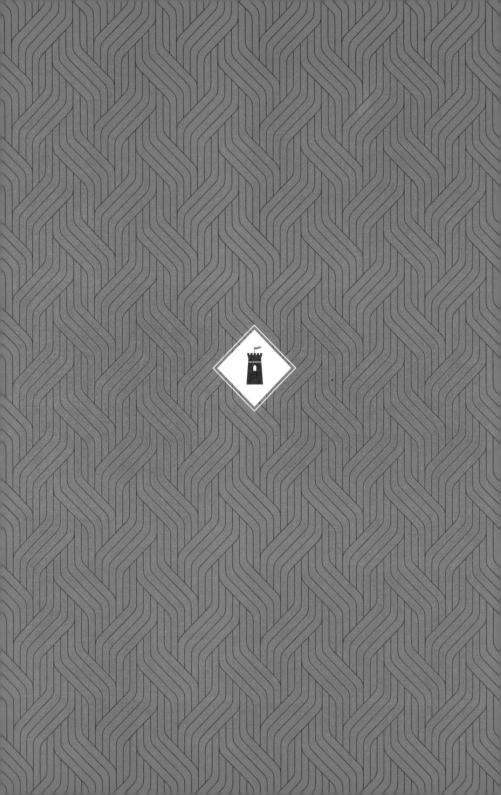

통찰력의 힘,
인문학에서 구하라

▶▶▶

성공이란 자신의 꿈과 희망, 그리고 목표를 성취해 가는 것을 의미한다. 비즈니스에서 중요한 것은 어떻게 하면 구성원들이나 고객이 기뻐할지 고민하는 것이다. 개인이나 조직이나 '남을 이롭게 함으로써 내가 이롭게 된다'는 자리이타自利利他 정신으로 사업을 한다면 성공에 가까워진다.

성공에 대한 의미가 사람마다 다르겠지만, 진정한 성공의 첫 번째 요건은 세상에 대한 기여이다. 미국 사상가 겸 시인인 랄프 왈도 에머슨은 "자기가 태어나기 전보다 조금이라도 살기 좋은 곳으로 만들어 놓고 떠나는 것을 진정한 성공"이라 했고, 미국의 자동차 회사 포드의 창업자 헨리 포드도 "세상이 나에게 준 것보다 더 많이 세상에 돌려주는 것이 진정한 성공"이라고 했다.

창업을 한다면 우선 돈을 버는 것이 우선이겠지만 돈을 벌기 위해서는 철학과 도덕적인 기반 위에서 기업이 운영되어야 하고 성장해야 한다. 기업을 일으키고 경영을 잘하려면 기업을 일으키는 준비 단계, 실제 시작하는 단계 등 경영을 하면서 매 순간 수많은 의사결정을 내려야 한다. 그리고 그 단계에서 내리는 결단은 통찰을 바탕으로 나타난다. 따라서 사회의 여러 현상을 주의하여 자세히 살펴보는 관찰력과 예리한 판단력으로 세상을 꿰뚫어 보는 통찰력이 두루 필요한 것이다.

통찰의 힘을 주는 인문학

특히 우리가 살고 있는 이 시대는 그 어느 때보다 통찰의 힘을 필요로 한다. 글로벌 시대, 디지털 시대, 인공지능 시대에 사회가 급속히 변하면서 복잡해지고 정신이 없어졌다. 예전에는 간단히 결론짓고 결정할 수 있을 법한 일들이 이제는 너무 많은 변수와 씨름하지 않으면 안 되게 되었다. 창업도 마찬가지다. 예전에는 추진력 하나만으로 창업이 가능했다. 그렇게 창업하여 성공한 기업인들도 많다. 그러나 오늘날에는 그렇지 않다. 많은 사람들의 의견을 경청한 다음 책임지고 판단하며 총괄적인 수준에서 결정하는 통찰의 힘이 필요하다. 통찰의 힘이 없이 섣불리 위험 부담을 떠안으면서 창업을 했다가는 실패하기 마련이다.

오늘날 우리는 너 나 할 것 없이 불확실성과 혼돈 속에 갇혀버린 느낌이 든다. 그 안개 속 같은 혼돈을 몰아내고 선명한 시야로 불확실성을 내치며 핵심으로 치닫는 통찰의 힘이 있을 때 창업은 성공한다. 그런데 그 통찰의 힘을 기르는 데 가장 중요한 자양분이 바로 인문학이다.

자고로 통찰의 힘은 창업 현장에서 필요로 하는 힘이다. 날마다 변화무쌍하게 돌아가는 현장에서, 또 치열하게 경쟁하며 매 순간 활로를 모색하는 숨 가쁜 현장에서 가장 필요로 하는 것이 통찰의 힘이다. 특히 뭔가를 결정해야 하고 책임져야 하는 위치에 있는 사람에게는 더욱 그렇다. 그러면 창업에서나 기업 경영에서 가장 중요한 통찰력이란 무엇을 말하는 것일까?

통찰은 예리한 관찰력으로 세상을 꿰뚫어 보는 것을 말하며, 동시에 처음부터 끝까지 모두 훑어 두루 살펴보는 것을 말한다. 다시 말해서 예리한 관찰력으로 경제의 흐름과 시대의 조류를 꿰뚫어 보는 것이며, 자신이 하고자 하는 사업이나 일을 처음부터 끝까지 두루 살펴보는 것을 말한다.

그렇다면 이런 통찰의 힘을 어디서 구할 수 있을까?

바로 인문학에서 얻을 수 있다. 인문학은 그 통찰의 밑동을 형성하는 자양분이다. 전장戰場과 같은 시장과 생존을 도모하며 새로운 활로를 개척해야 하는 사업 현장에서 인문학이 새롭게 주목받는 이유가 여기에 있다. 통찰의 힘을 주는 자양분이 인문학이기 때문이다.

철학과 윤리학을 통해 기업인이 되기 전에 한 인간으로서 앞으로 어떻게 살아야 할지 그 방향을 찾을 수 있다. 심리학을 통해서 인간의 본성을 깨달아 관계되는 사람들, 직원이나 고객들과의 인간관계를 이루는 데에 도움을 구할 수 있다. 또한 역사를 배움으로써 많은 업적을 이룬 위인들의 삶을 통해 기업을 이끌어 가는 데에 필요한 교훈을 얻을 수 있다. "남을 이롭게 함으로써 내가 이롭게 된다"는 경영철학도 "원하면 먼저 주라"는 성서에서 비롯된 말이다.

한마디로 인문학은 전공하는 학문으로서 역할을 하는 것이 아니라 창업자에게 사회와 사람을 바로 볼 수 있는 통찰력과 사업에 대한 열정과 확신을 주며, 자신이 하는 일에 대한 사명감과 성공할 수 있다는 확신을 준다. 그래서 인문학을 통해 창업의 계기를 마련하여 성공한 기업인은 수없이 많다.

송혜자 우암코퍼레이션 회장은 불란서 작가 시몬 드 보부아르의 『위기의 여자』를 읽고 용기를 얻어 27세의 나이에 정보통신 벤처 기업을 시작했다. 4평짜리 사무실에서 출발하여 2015년 '300만 불 수출 탑'을 수상하기도 했다.

한국을 반도체 강국으로 이끈 주역인 윤종용 전 삼성전자 부회장도 이공계 출신 CEO이지만, 인문학을 중요시하는 CEO 중의 한 사람이다. 그는 인문적 소양을 경영의 이정표라 여겼고 그의 사무실 서가에는 항상 많은 책이 꽂혀 있었는데, 그중에는 『삼국지』, 『중국역사박물관』 등 인문 서적이 많았다. 그리고 그는 경영자들이나 창업을 준비하는 사람들에게 인문학, 특히 역사 서적을 많이 읽으라고 권했다. 역사의식이 무엇보다도 중요하기 때문이라고 한다.

위에 열거한 두 사람뿐만 아니라 인문학을 통해서 창업의 철학과 위기 극복의 지혜를 찾는 사람들이 많다. 따라서 창업을 준비하는 예비 창업자들은 반드시 인문학 관련 책을 읽어 통찰력의 힘을 키워야 한다. 통찰의 힘을 키우는 유일한 방법은 인문학 공부밖에 없기 때문이다.

창업 성공의 필요조건,
인문학적 상상력

▶▶▶

창업이란 창업가가 새로운 사업을 시작하거나 타인의 사업을 인수하여 영리를 목적으로 사업을 시작하는 일이다. 창업의 본질은 업業을 만드는 것으로, 세상에 없던 가치를 창출하여 꿈을 실현하는 기회이고, 수익을 얻을 수 있는 기대감이며, 독립적으로 일하는 기쁨과 만족을 느낄 수 있는 매력적인 일이다.

창업은 목표로 하는 사업의 상품이나 서비스를 생산, 판매하는 시스템을 만드는 것으로 사업 기회를 포착한 후 사업 목표를 정하고, 자본, 노동력, 설비를 확보하여 사업을 시작하는 것이다. 창업을 하려면 고객들의 미래 트렌드를 정확히 예측해 시대를 선도하는 제품을 내놓을 수 있는 안목과 능력을 갖추어야 한다. 그런데 오늘날 창업 1년 후에 실패하는 확률은 40%이고, 5년 후에는 20%만 살아남는다고 한다. 창업의 성공을 결정짓는 것은 창업자가 무슨 생각을 하느냐에 달려 있으며, 창업에 뛰어든 사람들이 수익을 내는 과정은 무에서 유를 창조하는 셈이다.

무에서 유를 창조하는 창업에서 무엇보다도 필요한 것은 인문학적 상상력을 키우는 것이다. 그리하여 창업가의 아이콘으로 대표되는 스티브 잡스가 "소크라테스와 함께 점심 한 끼를 할 수 있다면 애플이 가진 모든 기술을 그것과 바꾸겠다"고 한 것은 유명한 일화다. 그는 젊은 시절 철학을 전공했고, 선불교와 명상에 심취하는 등 인문학적 소양을 쌓았다. 마침내 인문학적 상상력을 정보통신과 접목해 애플을 창조했다.

페이스북 창시자인 마크 저커버그를 보고 많은 사람들이 정보 관련 공부를 했을 것이라고 생각하지만, 그는 심리학을 전공했다. 어려서부터 왕따를 당해 어떻게 하면 왕따를 당하지 않을까 생각하다가 심리학을 선택했고, 그 결과 사람의 마음을 움직이는 새로운 혁신을 만들어 냈다. 그는 "독서는 경영자의 의무"라고 말하며 2주에 책 1권을 읽고 페이스북을 통해 팔로우들과 독서 토론을 벌인다.

고전을 많이 읽으면
인문학적 상상력이 커진다

예비 창업자들에게 독서는 인문학적 아이디어의 보고다. 법학을 전공한 빌 게이츠는 "인문학이 없었다면 나도, 컴퓨터도 있을 수 없었다"라고 말하며 매년 책 50권을 읽고 블로그에 책을 추천해 세계적으로 인문학 열풍을 불러왔다. 빌 게이츠는 개인적으로만 책을 읽는 것이 아니라 자신이 만든 기업 마이크로소프트사를 세계에서 가장 창의적인 기업으로 손꼽힐 정도로 만들었다. 마이크로소프트사는 신입사원을 선발할 때부터 창의적인 인재를 발굴하는 데에 역점을 두고 있다. 마이크로소프트사에서는 매년 신입사원을 뽑을 때마다 지원자에게 반드시 묻는 질문이 있다.

"맨홀은 왜 둥근가?"

전 세계 어디에도 맨홀은 둥글다. 사각이나 삼각형 맨홀은 없다. 또한 맨홀이 왜 둥근지에 대해서 정답은 없다. 애초부터 정답이 없는 질문을 통해서 어떤 발상과 논리로 자신만의 의사를 피력하는가를 알고 싶어 하는 것이다. 즉 다양한 답변을 통해서 그들의 상상력과 창의성을 보기 위함이다.

인문학적 상상력을 키우기 위해서는 고전을 많이 읽어야 한다. 최근 나오는 신간 서적이나 베스트셀러는 경쟁자들도 읽는다. 하지만 오래된 고전을 읽는 경영자는 드물다. 즉 남들과 다른 생각을 가지려면 남들의 시선이 닿지 않는 곳의 것들을 끄집어내야 한다. 창업이란 남들과 다른 사업을 하는 것이다. 고전이란 본디 옛것인 만큼 현대적인 관점에서는 낯설 수 있다. 그러나 고전에는 시대를 초월하는 깊이가 있다.

그다음으로 독서를 통해 발현된 인문학적 상상력이 구체화되기 위해서는 다양한 분야의 사람들과 토론하는 것이 필요하다. 토론을 통해서 많은 사람들의 생각과 의견을 경청하는 가운데 상상력이 구체화되기 시작한다. 그때 재빨리 메모한 다음 시간 나는 대로 그 상상력을 어떻게 구체화할지 고민하는 가운데 창업에 필요한 창의성과 아이템을 구하게 된다.

신언서판身言書判을 통해서 알아보는
창업자의 덕목

▶▶▶

중국 당나라에서는 관리를 등용할 때 신언서판身言書判, 즉 4가지를 두루 갖춘 사람을 으뜸으로 선발했다고 한다. 신언서판이란, 우리나라 조선시대 인재 등용의 원칙이자 선비들이 갖추어야 할 덕목으로도 뿌리내렸다.

오늘날 사람의 가치는 조각으로 구성된 지식보다는 전반적인 사실을 꿰뚫고 핵심을 읽어 낸 후 본질을 파악하여 판단해야 한다. 즉 인간의 됨됨이를 평가하는 기준인데, 요즘 같은 인재평가 기준에도 유효하다. 뿐만 아니라 '남을 도움으로써 내가 이롭게 되는 사업을 하는 사람'이 갖추어야 할 덕목이다. 그런데 신언서판 능력은 하루아침에 형성되는 것은 아니다.

첫째, 신언서판에서 신身은 인물이 좋은, 즉 용모가 준수해야 한다는 것을 의미한다. 얼굴이 잘생긴 것은 옛날이나 지금이나 엄청난 힘을 발휘한다. 얼굴만이 아닌 용모이니까 몸에서 풍기는 풍채가 좋아야 한다. 신身은 용모보단 '올바른 몸가짐'으로 강조되었다. 신은 풍모와 품격이고, 타고난 외모만이 아니라 첫인상이다. 부드러운 미소, 밝은 표정, 은은한 눈빛은 '얼굴로 보여주는 이력서'라고 할 수 있다. 따라서 창업자는 올바른 몸가짐을 하고, 부드러운 미소와 밝은 표정으로 사람을 대해야 한다.

둘째, 언言은 말을 잘해야 한다는 뜻이다. 여기서 말을 잘해야 한다는 것은 언변보다 신중하면서 논리적인 말, 조리 있고 예의 바르게 하는 말, 즉 설득력이 있는 말을 의미한다. 설득력이 있는 말이란 자신의 말이나 의지를 상대가 이해하고 받아들여 그대로 행동하도록 하는 힘을 의미한다. 창업자가 아무리 뜻이 깊고 아는 것이 많다고 해도 말에 조리가 없고 자신감이 없이 중언부언하면 좋은 평가를 받기 어렵다.

셋째, 서書(표현력, 지식과 지혜)는 그 사람의 지식과 지혜 수준을

가늠하는 것으로, 시적인 글, 논리적인 글을 쓸 줄 아는 문장력을 의미한다. 얼마나 많은 책을 보고 인문적 교양을 쌓았는지를 글씨와 문장력으로 시험했다. 창업자들은 보고서나 광고문을 하나 작성할 때에도 보는 사람이 감동할 수 있는 글을 써야 한다.

넷째, 판判은 판단력과 통찰력으로 리더로서 가장 중요한 덕목이다. 책임자는 바로 의사결정을 하는 사람이기 때문에 올바른 판단을 하기 위해서는 많은 정보를 갖고 있어야 하고, 적절한 지식과 정보, 그리고 지혜를 얻기 위하여 신문과 책을 많이 읽어야 하며 많은 사람과 대화를 나누어야 한다.

판判은 상황을 판단하는 능력이다. 경중, 완급, 전후좌우를 잘 살펴 치우치지 않게 결정을 내리는 편집능력이다. 이는 현장에 적절한 이름을 붙이고 일목요연하게 기술하는 것으로 정했다.

맥도날드의 채용과
승급의 기준이 되는 8가지 인재상

맥도날드는 '단순한 햄버거 회사가 아닌 햄버거를 서비스하는 사람들의 회사'라고 창업자 레이 크록이 말했을 정도로 사람을 가장 중요한 자원으로 본다. 이를 위해 8가지 인재상을 확립하고 있다. 이 인재상은 위에서 말한 중국 고대 인재상의 기준인 '신언서판'과 비슷하다. 즉 ①고객을 우선시하고, ②변화 및 혁신을 주도하고, ③효과적이고 솔직하게 소통하며, ④인재를 육성하고 활용해 ⑤팀워크를 달성하고, ⑥영향력으로 이끌어 ⑦결과 달성을 위해 실행하고, ⑧전략적으로 계획하고 행동할 것 등을 정립해 채용과 승급, 배치전환 등의 기준으로 활용하고 있다.

『갈리아 전쟁기』를 통해서 배우는
창업가의 자질

▶▶▶

2000년 전 로마의 장군 율리우스 카이사르(B.C. 100~B.C. 44)는 자신이 치른 전쟁을 기록으로 남겼다. 그것이 바로 유명한 『갈리아 전쟁기』와 『내전기』다.

카이사르는 기원전 100년 명문가이지만 세력가에서 밀려난 가문에서 태어났다. 16세에 아버지를 여의고 어머님 밑에서 자라면서 어머니로부터 큰 리더로서의 덕목인 흔들리지 않는 자신감, 균형 감각, 미래를 여는 적극성을 익혔다. 어머니로부터 많은 사랑을 받은 사람은 균형 있는 어른으로 성장하며 미래를 향해 돌진하는 적극성을 몸에 익힌다.

40세가 되도록 뚜렷한 정치적 역량이나 군사적 재능을 보이지 못했던 카이사르는 41세 때에 집정관에 선출되었고, 42세 때에 드디어 진정한 일인자가 되고자 야망을 가지고 군사를 이끌고 갈리아로 떠나 로마인 최초로 라인강을 두 번이나 건너가 게르만족을 포함하여 야만족을 복속시켜 로마의 국민적 영웅이 되었다.

갈리아 전쟁이 끝날 무렵 카이사르는 원로원의 소환장을 받았다. 그를 시기한 원로들이 그를 로마의 영웅으로 두지 않았다. 로마의 소환은 곧 죽음을 뜻했다. 따라서 원로들의 권위에 굴복하거나 목숨을 내걸고 내전을 일으킬 수밖에 없었다. 그때 그는 결심했다. 그는 과감하게 "주사위는 던져졌다"고 외치며 루비콘 강을 건넜고 곧바로 로마로 진격해 들어가 숙적 폼페이우스와 그의 일파를 거세한 후 그 여세를 몰아 소아시아, 튀니지, 스페인 등의 지역을 정벌했다. 유명한 "왔노라. 보았노라. 이겼노라!"는 소아시아를 정복하고 난 후 친구에게 보낸 첫 문장의 구절이었다. 그리고 황제나 다름없는 권력의 정점에 있다가 원로원 14명에 의해 살해당하면서 마지막 순간 아들처럼 대했던 브루투스를 향해 "브루투스, 너마저!"라고 절규하며 죽었다.

카이사르는 전쟁이라는 생사를 넘나드는 역동적인 공간에서 매일 낯선 것들과 부딪치며 창조적으로 사고했다. 그에게 있어서 전쟁터는 그 자체로 또 하나의 거대한 창작물이었다. 카이사르는 병사들을 대할 때 실수에는 너그러웠으나 '비겁함'은 결코 용서하지 않았다. 카이사르는 언제나 신속하게 판단하고 결정했다.

카이사르는 두려움과 위험은 무시하지만 무모함을 거부할 줄 아는 용기가 있었다. 미로와 다름없는 전쟁을 통해서 분명한 목표와 방향을 추구하는 능력이 있었으며 자신에게 유리한 조건이 올 때까지 기다릴 줄 아는 인내심이 있었다. 이런 모든 것들은 21세기 자본주의 시대의 전쟁이라고 할 수 있는 시장에서 창업을 하는 사람이 갖추어야 할 역량으로 제시할 수 있다.

창업가에게 필요한
5가지 핵심 역량

1980년대 미국에서 "당신은 창업자로서 자질이 있는가?"라는 제목으로 창업자의 자질을 진단하는 테스트 조사결과, 창업자에게 일반인과 다른 차별점이 존재하지 않는다는 결론을 내렸다. 누구나 목표를 정하고 최선을 다한다면 성공적인 창업자가 될 수 있으며, 창업에서 성공하기 위한 핵심 역량으로 다음 5가지를 제시했는데, 이것은 『갈리아 전쟁』에서 설명하는 리더의 핵심 역량과 비슷하다.

첫째, 카이사르처럼 신속하게 판단하고 결정하는 결단력이다. 자기에게 사업 기회가 왔을 때 주저하지 않고 결단해야 하며, 한 번 결심하면 신속하게 행동에 옮겨야 한다.

둘째, 인내심이다. 원칙에 충실하고 끈기 있게 문제를 해결해 나가는 강한 인내심을 가지고 있어야 한다.

셋째, 리더십이다. 창업가에게 리더십이란 다른 사람들이 하는 것을 가만히 지켜보지 않고 자신의 사업에 돈을 투자하게 하거나 자신의 물건을 구매하도록 설득할 줄 아는 힘이다.

넷째, 집중력이다. 창업가는 전쟁터의 군인 못지않게 시장에서 24시간 몰입하는 집중력을 발휘해 사업 기회를 포착하고 그것을 실현해 가는 능력이 있어야 한다.

다섯째, 학습능력이다. 카이사르가 전쟁을 통해서 많은 경험을 축적하여 전쟁에서 이겼듯이, 창업가는 시장에 대한 경험과 지식을 축적해서 자기 사업에 관해서는 최고의 전문가가 되어야 한다.

창업에 필요한
창의성 키우기

▶▶▶

창의성은 단순히 무無에서 새로운 뭔가를 만들어내야 하는 것만
이 아니다. 다른 사람이 꿈꾸고 이루려다가 다 이루지 못하고 남
겨 둔 것을 마저 이루는 것이다.

창의성으로 우리 삶을 송두리째 바꿔버린 백열등을 만든 에디
슨도 이미 백열등을 개발한 윌리엄 소여의 기술에 자신의 연구를
보태어 상업화하는 데 성공했다. 에디슨은 "나의 발명은 나보다
먼저 고안한 사람이 멈추고 떠난 그 자리에서 시작된다"라고 말
했다. 또 20세기 최고의 미술계 거장 파블로 피카소 등은 창작의
천재이자 모방의 천재로 알려져 있다. 이 위대한 천재들에게는

창의성이란 창작이 아닌 모방의 연장선에 있었던 것이다.

천재적 미술가요, 과학자, 기술자, 사상가, 수학자 등으로 알려진 최고의 천재 레오나르도 다빈치는 물론, 과거의 위대한 천재 미켈란젤로의 창작도 주변에서 아이디어를 얻은 것이었다. 따라서 남의 아이디어를 통해서 가치 있는 뭔가를 창출하겠다는 생각을 가진 사람들의 노력 그 자체가 창작의 씨앗이다. 많은 사람들이 무심코 지나친 것을 새롭게 해석하고 새롭게 의미를 부여해 새로운 가치를 창출하는 것이 창작의 본질이므로 우리는 창의성의 환상에서 벗어나 창의적 발상의 방법을 고민해야 한다.

창업을 위한
사업 아이디어의 기준

창업은 '새로운 아이디어로 세상을 바꿔보고 싶다'는 열망, 꿈, 의지 등에서 시작되며, 사업 아이디어란 어떤 사업을 할 것인지에 대한 주제로 새로운 가치를 발견하고 어떤 가치를 담은 상품이나 서비스를 생산하여 판매할 것인가를 결정하는 출발점이다. 또 기업을 창업하고 지속적으로 운영하려면 뛰어난 기술이나 사업 아이디어로서 경쟁력을 가진 우수한 상품이나 서비스를 생산할 수 있어야 하고, 가격이나 품질에서 소비자가 기대하는 이상의 새로운 가치를 제공할 수 있어야 한다. 시장이 절실히 필요로 하는 상품과 서비스를 제공할 수 있는 창업 아이디어는 어느 날 번뜩 떠오르는 것이 아니며, 무지개처럼 막연한 수준이라서 곧 창업으로 전환시킬 수 있는 창업 아이템과는 그 개념이 다르다. 실제 창업을 하려면 창업 아이디어를 구체화하고 창업 아이템으로 발전시킴으로써 구매고객을 창출하고 확대시킬 수 있어야 한다. 또 창업 아이디어 선정에는 현재 문제점을 새로운 기술과 접목해 고객 행동을 바꾸어 새 시장을 창출하는 리디자인Redesign이나 현재는 없지만 미래에 나타날 시장을 새롭게 발명하는 아이디어도 있다.

이런 창조성의 단초가 되는 아이디어에 대한 연구를 한 학자들에 의하면, 레오나르도 다빈치, 아인슈타인, 파블로 피카소, 마르셀 뒤샹 등의 천재들이 가진 창조성이 그들에게만 존재하는 것이 아니라 평범한 우리 안에서도 창조성을 이끌어 낼 수 있는 몇 가지 특징이 있다고 한다. 즉 관찰, 형상화, 추상화, 몸으로 생각하기 등 몇 가지가 있는데, 그중에서 가장 중요한 것이 '관찰'이라고 한다. 정밀하게 관찰하면 일상의 사물에서도 숨겨진 아름다움과 깊은 의미를 찾아낼 수 있다는 것이다. 창의성이라고 하면 특별한 사람에게만 있고, 새로운 뭔가를 만들어내야 하는 것이라고 생각하기 쉬운데, 창의력도 체력처럼 훈련을 통해서 얻어지는 것이다. 창의력을 얻기 위한 방법으로는 독서, 여행, 메모 등이 있다.

미국 35대 대통령 존 F. 케네디는 "어떤 사건을 볼 때 보통 사람들은 '왜?'냐고 질문하지만 나같이 창의적인 사람은 '왜 안 될까?'라고 반대 질문을 한다"고 말했다. 발명가 앤드루 머서는 "당신 앞에 있는 것을 2배로 열심히 본다고 해서 당신 뒤에 있는 훌륭한 아이디어를 발견할 수 있는 것이 아니므로 창업 과정에서 무언가 문제에 부딪치면 관점과 각도를 바꿔볼 필요가 있다"고 말했다. 따라서 창의성은 어떤 특별한 사람에게만 존재하는 것이 아니라 누구에게나 있으며, 사물이나 세상을 어떻게 보고 관찰하느냐에 따라서 발휘된다는 것이다.

영국 프리미어리그에서
배우는 창의성

▶▶▶

창의성이란 기존에 존재하지 않던 독창적인 방법으로 가치를 창출하는 솔루션이다. 창의성이 있으려면 해당 영역에 대한 전문지식이 있어야 하고, 둘째는 뛰어난 사고기법이 있어야 하며, 마지막으로는 창의적인 결과물을 만들려는 열정이 있어야 한다.

최근에 많은 기업들이 창의성을 강조한다. 오늘날 경쟁이 치열해지면서 무엇보다도 창의성이 필요하기 때문이다. 그런데 창의성이란 쉽게 머릿속에서 그려지는 것이 아니다. 그럼에도 불구하고 많은 사람들은 머리로만 아이디어를 얻으려고 하는 경우가 많고, 실습보다는 컴퓨터 앞에 앉아서 하는 공부와 일을 중시한다.

창의성은 먼저 우리가 생활하고 있는 현실에, 우리가 하고 있는 사업에, 우리가 하고 있는 일에 먼저 연결시켜야 한다. 창조성이란 쉽게 말해서 창조적인 일을 만들어내는 것이다. 따라서 어느 날 하늘에서 뚝 떨어지는 것이 아니다. 이것은 기존의 것에서 벗어난 색다른 차이가 지속될 때 나타난다. 그러면 어떻게 해야 창의성이 나타나며, 또 발휘될 수 있는지에 대해서 인문학은 어떻게 그 답을 제시하는지 알아보자.

최고의 창의성이 발현된 영국의 프리미어리그 이야기

영국 프리미어리그는 영국뿐만 아니라 세계 최고 수준의 프로축구리그다. 이 프리미어리그에서 세계 최고의 축구선수들이 최고수준의 경기장에서 최고의 흥행 성적을 내며 관중들에게 최고의 만족감을 선사하고 있다. 그런데 프리미어리그가 세계 최고 수준의 리그가 될 수 있었던 것은 창의성의 발현에 있다.

『창의성의 즐거움』의 저자 칙센트미하이에 의하면 "창의성이 발현되는 요소로 3가지를 들 수 있는데, 첫째는 일련의 규칙과 절차로 이루어진 영역이고, 둘째는 창의성을 발휘할 수 있는 현장이며, 마지막으로 창의성을 발휘할 수 있는 개인"으로 뽑았다.

그러면 이 3가지 요소를 프리미어리그에 접목시켜 보자. 첫 번째 영역은 축구이며, 현장은 프리미어리그이고, 개인은 선수가 된다. 아무리 축구에 뛰어난 자질이 있는 박지성이라 하더라도 만약 K리그를 벗어나지 못했다면 축구라는 영역에서 창의성을 발휘하지 못했을 것이다. 따라서 창의성을 발휘하기 위해서는 먼저 그것을 발휘할 수 있는 영역을 택해야 한다. 이것을 기업에 도입하면 자신이 잠재적 능력을 발휘할 수 있는 분야를 선택해야 한다.

80년대까지만 해도 독일의 분데스리가만 못했던 프리미어리그가 오늘날 최고의 리그로 자리 잡은 것은 다음의 3가지 요인으로 요약할 수 있다.

첫째, 선수들의 창의적인 플레이다. 프리미어리그는 세계 최고 선수들을 모은다. 그리고 포지션 하나에 여러 선수들이 경쟁한다. 그것도 세계 최고 선수들이 말이다. 경쟁하는 가운데 창의성을 발휘하게 된다.

둘째, 프리미어리그의 창의적인 흥행방식과 고객만족 비법이다. 프리미어리그 경기장은 관중들과 밀착되어 있어 선수들의 숨소리까지 들릴 정도이며, 흘리는 땀방울도 볼 수 있는 관중들과의

친화적인 시설로 설계되어 있다. 그래서 세계 최고의 시설을 자랑한다.

셋째, 프리미어리그는 철저한 경쟁 체제를 도입하고 있다. 20개 팀이 출전하여 시즌이 끝나면 하위 2개 팀은 2부로 방출된다. 그 다음 해에는 2부 리그에서 1위를 한 팀이 저절로 1부로 승격되며, 하나의 티켓을 놓고 2, 3위 팀이 격돌한다. 한마디로 프리미어리그는 생존하기 위해 피나는 경쟁을 벌인다. 그런 피투성이의 경쟁을 통해서 구단이나 선수들의 창의성이 나오게 된다.

영국의 프리미어리그가 우리에게 가르쳐 준 교훈은 창의성은 결코 추상적인 개념이 아니며, 아이디어의 소산도 아니고, 또한 IQ와 비례하지도 않는다는 점이다. 따라서 거대한 벽을 만나서 그 벽을 뛰어넘으려는 도전의식과 필사적인 노력의 과정 속에서 길어 올릴 수 있는 거대한 힘, 그것이 바로 창의성이라는 것이다.

작고 마른 고바야시가 핫도그 먹기 대회에서 세계 챔피언이 된 이유

괴짜로 이상하게 생각하기를 좋아하는 고바야시는 전 세

계 핫도그 먹기 대회에서 매번 신기록을 세운 대학생이다. 우리는 이 고바야시를 통해 창업에 대한 아이디어를 얻는 방법을 찾아볼 수 있다.

고바야시는 몇 달치 집세가 밀려 울며 겨자 먹기로 핫도그 먹기 대회에 참석했다. 반드시 우승을 해야 하는 절박한 심정에서 그 대회 영상을 보며 생각했다. 참가자들은 특별한 생각 없이 핫도그를 먹고 있었다. 고바야사기 볼 때 "어떻게 하면 더 많은 핫도그를 먹을까?" 하는 질문은 잘못된 질문이었다. 그는 이렇게 바로 잡았다. "어떻게 하면 핫도그를 쉽게 먹을 수 있을까?" 질문이 달라지자 그 해결방법도 달라졌다. 몇 번의 실험 결과 핫도그를 쉽게 먹을 수 있는 방법을 찾았다. 우선 소시지와 빵을 분리했고, 한 손으로 먹기 쉬운 소시지를 먹으면서 다른 손으로 빵을 물에 적셨다. 그런 방법을 통하여 기존 기록의 2배가 넘는 세계 신기록을 세우며 세계 챔피언이 되었다. 12분에 무려 50개의 핫도그를 먹어치운 것이다.

많은 업적을 남긴 인사들을 통해서
배우는 아이디어 구하기

▶▶▶

　창업의 3대 요소인 창업자, 자금, 아이템 이 중에서 어느 것이 가장 중요하냐고 묻는다면 사람마다, 학자마다 다를 수 있다. 필자는 아이템이 가장 중요하다고 생각한다. 아이템이 사업의 성패를 좌우하는 기본 요소이며, 어느 누군가의 도움으로 해결할 수 있는 것이 아니기 때문이다. 많은 사람들이 필자의 이런 의견에 동의하여 현재 사업을 하고 있는 사람이나 장차 창업을 꿈꾸고 있는 학생들이 필자를 만날 때마다 공통적으로 묻는 질문이 있다.

　"아이디어가 영 떠오르지 않아요. 뭘 해야 좋을지 모르겠습니다. 돈이 될 만한 아이템이 없습니까?"

지금 즉시 돈이 되고 부자가 될 수 있는 확실한 아이템이나 아이디어가 떠오른다면 필자도 지금 하고 있는 일을 그만두고 그 일을 해서 큰 부자가 되어 떵떵거리며 살고 싶다. 그런데 그런 아이템이나 아이디어가 아무런 노력을 하지 않아도 하늘에서 뚝 떨어지는 것이 아니라는 데에 문제가 있다.

2000년대 유행했던 IBM의 광고에 한 비즈니스맨이 어느 사무실을 방문하자 그 사무실 직원들이 모두 누워 있는 것을 보고 그 비즈니스맨이 "도대체 지금 뭐하고 있는 겁니까?" 하고 묻자 그 직원이 "우린 아이디어 에이팅 중입니다"라고 대답했다. 이 광고가 인기를 끌게 된 것은, 가만히 누워서 아이디어가 찾아오기를 기다리는 사람들을 비꼬아서 말한 것이기 때문이다. 노력 없이 아이디어를 찾는 사람들을 비웃는 이 광고처럼 가만히 누워서는 결단코 아이디어가 떠오르지 않는다.

아이디어는 비단 사업가에게만 필요한 것이 아니다. 불후의 명작을 남긴 시인이나 소설가, 작곡가, 건축가들도 훌륭한 아이디어를 얻기 위해 많은 노력을 기울였다. 그렇다면 자신의 인생은 물론 길이 남을 굿 아이디어는 어떻게 얻을 수 있는지 인문학을 통해서 그 힌트를 구해보자.

아이디어는
순간적으로 떠오른다

수년간 실험실에서 온갖 노력을 쏟아부을 때는 보이지 않더니 생각에 잠겨 시골길을 산책하는 순간 갑자기 떠오르는 게 아이디어다. 머리를 싸매 가면서 수년간 고심하고 노력했으나 해결하지 못한 문제에 대한 답이 느긋하게 산책하는 순간 불시에 떠오른다. 이런 예는 수없이 많다. 그래서 독일의 문호 괴테는 새로운 아이디어가 필요할 때마다 산책을 했다. 프랑스의 철학자 루소는 홀로 도보 여행을 하며 자신의 이론을 발전시켰다. 정신분석학자 프로이트는 산행 중에 문득 떠오른 아이디어를 발전시켜 『꿈의 해석』이라는 명저를 집필했다. 그뿐만 아니라 19세기의 프랑스 수학자 앙리 푸앵카레는 난해한 수학문제를 풀기 위해 온갖 방법을 다 써보았으나 답을 구할 수 없었다. 그런데 어느 날 아침 절벽 길을 오르다가 갑작스레 명확한 해답이 떠올랐던 것이다.

시대를 통틀어 가장 위대한 과학자로 인정받은 뉴턴은 사과나무 아래서 사과가 떨어지는 것을 보고 중력 법칙의 힌트를 얻었다. 그는 저녁을 먹은 후 친구와 함께 사과나무 아래서 차를 마시며 이야기를 나누던 중 '사과가 무엇 때문에 옆으로 떨어지거나 위로 올라가지 않고 아래로 떨어지는가?'를 생각하다가 분명 지구가 힘이 있으며, 지구가 당기는 힘은 변두리가 아니라 지구의 중심에 있을 것이라고 생각했다. 그리하여 중력의 법칙을 발견하게 된 것이다.

그런데 우리가 여기서 깨달아야 할 것은 산책이나 도보여행을 하다가 문득 떠오르는 아이디어도 준비된 자에게 찾아온다는 점이다. 어느 누구에게나 떠오르는 것이 아니라 자신이 하는 일에 몰두하고 어떻게 하면 문제를 해결할 수 있을까 고민하면서 준비하고 있는 사람에게 온다. 그리하여 루이 파스퇴르는 "행운은 준비된 자에게 찾아온다"라고 말했다.

그렇다면 행운을 위해서 우리는 어떤 준비를 해야 할까?

준비된 마음을 가지는 것이다. 준비된 마음이란 전문가들도 황당하다고 여기는 가능성에 관심을 기울이는 것이다. 한마디로 호기심으로 가득한 마음을 말하는 것이다. 호기심으로 가득한 마음을 가지고 모든 사물을 바라볼 때 아이디어나 창의성이라는 행운이 떠오른다는 것이다. 또한 자신이 하는 일에 몰두하고 전력투구하는 것이다. 보다 나은 방법을 찾고 갈구하고 있어야 한다. 준비한 사람들에게는 산책을 하거나 여행을 하거나 관계없이 어느 한 순간에 아이디어가 떠오른다.

8각형 요새를 설계한
미켈란젤로 이야기

르네상스 시대 최고의 화가이며 건축가인 미켈란젤로는 창의성을 가진 대표적인 인물로 뽑힌다. 그러나 그는 성격이 괴팍하여 교황이 자기 그림을 못마땅해하면 붓을 던지고 고함을 질러댔다. 그뿐만 아니라 교인들 앞에서 교황에게 대드는 아주 무례한 인물이었다. 게다가 그는 당시 금기시했던 동성애자이기도 했다. 미켈란젤로는 남성 모델과 연애편지를 주고받았으며, 한 남성 모델로부터 버림을 당하자 우울증에 시달리기까지 했다. 심지어 거룩한 교황청 천장화에 남성 모델을 너무 섹시하게 그려서 당시 추기경 사이에 선정성 논란을 빚기도 했다. 그리하여 그는 천주교로부터 이단으로 취급받았다. 그러나 당시 교황 율리우스 2세는 이런 미켈란젤로에게 손을 내밀었다. 그것은 교황이 미켈란젤로의 그림과 조각을 좋아해서가 아니라 그가 뛰어난 예술가의 창의성을 가진 싱크 탱크라는 것을 간파했기 때문이다.

율리우스 2세는 미켈란젤로에게 대포 공격을 잘 견디어낼 수 있는 요새를 고안하도록 했다. 당시 유럽의 왕들이 교황의 권위를 무시하고 군대를 앞세워 바티칸으로 쳐들어왔다. 율리우스 2세는 바티칸 부근에 치비타베키아라는 도시를 군인들로 하여금 요새화하도록 했다. 그런데 그 당시 대포가 발달하여 중세 가공법으로 지은 성벽은 대포 몇 발이면 무너졌다. 어떻게 하면 유럽 왕들의 대포 공격을 막을 수 있을까 고심하던 율리우스 2세는 건축가를 찾지 않고 당시 교황청 시스티나 성당에서 〈천지창조〉를 그리고 있던 미켈란젤로를 찾아갔다.

율리우스 2세의 명을 받은 미켈란젤로는 요새의 모든 벽면을 비스듬하게 지어 하늘에서 보면 8각형으로 보이는 요새를 짓도록 했다. 그것은 당시의 대포알은 직각을 받아야 파괴력을 발휘할 수 있었는데, 모든 벽면을 8각형으로 지어 대포알이 튕겨 나와 위력이 없을 것으로 생각해 모든 요새를 8각형으로 짓도록 했다. 율리우스 2세는 미켈란젤로의 아이디어를 받아들여 모든 성을 8각형으로 짓도록 했다. 그 결과 유럽 왕들의 대포에도 성들은 파괴되지 않고 버틸 수 있었다. 그 후 유럽의 여러 나라에서도 8각형 성이 많이 건설되었다.

계속된 단련 속에
아이디어가 떠오른다

우리가 여기서 생각해야 할 것은 "그러면 미켈란젤로의

놀라운 이런 아이디어는 어떻게 하여 나타날 수 있었는가” 하는 것이다. 그것을 알기 위해 당시 사회제도와 교육 시스템을 알아볼 필요가 있다.

당시 이탈리아에서는 천을 짜거나 갑옷을 만들거나 하는 전문가들이 많았다. 이들 전문가들은 직종 협회 같은 것을 만들어 협회 멤버만 가게를 열 수 있는 엄격한 법률을 만들었다. 그렇게 하여 전문직 종사자 숫자를 제한하고 상품의 품질도 보호했다. 이탈리아에서는 이 협회에 들어가려면 협회가 인정한 전문가가 운영하는 회사에 들어가 약 6년간 견습공으로 일을 해야만 했다. 물을 길어오고 화로에 불을 때고 재료를 준비하는 등의 잡다한 일을 하면서 6년을 보내야만 독창적인 작품을 만드는 자격을 부여했던 것이다. 또 그것만으로도 부족하여 이들은 자기 고향 협회의 추천을 받아 전 유럽을 돌면서 같은 분야에서 가장 이름난 스승을 찾아 몇 년간 배웠다. 이런 기간이 지나면 자기만의 독창적인 작품을 만들 수 있는 자격이 주어졌던 것이다. 이런 험난한 과정을 거치면서 독창적인 작품을 만들게 되었고, 그런 과정에 아이디어가 생겨났던 것이다.

창업에 필요한
아이디어를 얻는 2가지 원칙

▶▶▶

1927년 여름 어느 일요일 저녁, 29세의 댄 거버는 아내와 외출 준비를 하고 있었다. 그는 일찌감치 준비를 마치고 아내가 나오기를 기다리고 있었다. 그런데 아내는 생후 7개월 된 딸아이에게 먹일 이유식을 만드느라 나갈 준비를 하지 못하고 있었다. 참다못한 거버는 짜증나는 목소리로 아내에게 말했다.

"여보, 아직 멀었소?"

그러자 아내는 아이에게 줄 완두콩을 통째로 그릇에 담아 남편 무릎 위에 올려놓으면서 말했다.

"정 답답하면 당신이 만들어보구려."

"알았소. 내가 해보지."

거버는 큰소리를 쳤지만 완두콩을 갈아서 걸쭉하게 이유식을 만드는 일이 얼마나 번거로운지 그때서야 알게 되었다. 그리고 어떻게 하면 완두콩을 갈아서 이유식을 만들까 고민하는 와중에 새로운 사업 아이템이 떠올랐다.

'그렇지! 이유식을 공장에서 만들어보는 거야.'

당시 거버는 아버지와 함께 통조림 공장을 운영하고 있었다. 그는 이유식을 만들 수 있을지, 그리고 사업적으로 가능할지를 곰곰이 생각하고 따져보았다.

먼저 시장 조사를 실시했다. 시장 조사결과 식료품 가게에서 팔 수 있다는 결론이 나왔다. 그러나 값이 문제였다. 그는 이유식값을 15센트로 정하고 이유식 제조를 시작했다. 오랜 실험 끝에 신제품을 만들었고, 시장에서도 좋은 반응을 얻었다. 그렇게 하여 오늘날 이유식 제조의 시초가 된 것이다.

거버는 우연한 기회에 사업 아이템을 얻었지만, 그 아이템을 상품화할 수 있었던 것은 그가 공장을 운영하고 있었기 때문이다. 만약 통조림 공장이 없었다면 이유식 제조를 시작하지 못했을 것이다. 아무리 좋은 아이템도 그 아이템을 현실화할 수 있는 조건이 갖추어졌을 때 아이템으로서 가치를 발휘하게 된다.

미켈란젤로의 8각형 요새, 거버의 이유식 등의 아이디어는 하루아침에 만들어진 것이 아니라 자기 분야에서 수많은 노력과 땀을 흘리는 과정에서 형성된 것이다. 다시 말하면 아이디어는 자기 분야에서 열심히 노력하는 과정 중에 얻어지는 결과의 하나라는 것이다.

창업에 필요한 아이디어를 얻기 위한 원칙

그러나 자기 분야에서 열심히 노력하는 것만으로 아이디어가 샘솟듯 나타나지 않는다. 창업에 필요한 아이디어를 얻기 위해서는 다음과 같은 2가지 원칙을 지켜야 한다.

첫째, 30대 70의 원칙을 지켜야 한다. 이것은 자기 시간의 30%는 실질적인 업무에 쏟되 나머지 70%는 독서를 하거나 남들 눈에는 하찮게 여기는 것에 투자해야 한다.

GE의 전 회장 잭 웰치의 경우 2,500만 달러 이하의 사업은 사업본부장에게 맡기고 자신은 재충전의 70% 세계로 들어갔다. 그는 30년 넘게 CEO의 자리에 있었지만 결코 책상머리에 앉아 있지 않았다. 일은 일대로 하면서 바깥에서 새로운 창의성을 찾아오라는 이야기다.

둘째, 몰입의 즐거움을 배워야 한다. 창의적인 사람들은 일의 즐거움을 안다. 퀴리 부인은 엄동설한에 난로도 없이 실험결과를 기다리며 파리의 연구실을 지켰다. 미켈란젤로는 무려 15년간이나 천장에 매달려 천지창조를 그렸다. 창의적인 사람은 이렇게 자신이 하는 일을 사랑하며, 몰입상태를 즐겼다.

창업에 필요한 아이디어를 얻기 위해서는 자기가 하고 있는 분야에서 열심히 일하면서 위의 2가지 원칙을 지켜야 한다.

성공적인
창업 전략

▶▶▶

창업 전략으로 제일 먼저 생각할 수 있는 것이 차별화로 승부를 거는 것이다. 차별화 전략은 기존에 있는 상품이나 서비스와 다른 상품이나 서비스를 개발하여 창업하는 것이 아니고, 기존의 것을 지금과 다른 방식으로 접근하는 것이다. 이 차별화 전략은 오늘날 창업 전략으로 가장 많이 택하고 있는 방법 중의 하나이기도 하다.

노란 숲속에 두 갈래 길이 나 있어
나는 둘 다 가지 못하고
하나의 길만 가는 것이 아쉬워

수풀 속으로 굽어 사라지는 길 하나
멀리멀리 한참 서서 바라보았지
〈중략〉

지금부터 오래오래 후 어디에선가
나는 한숨지으며 이렇게 말하겠지
숲속에 두 갈래 길이 나 있다고
그리고 나는
다른 사람들이 덜 지나간 길을 택했고
그로 인해서 모든 것이 달라졌노라고

미국 시인 로버트 프로스트가 지은 시 〈가지 않은 길〉의 한 대목이다.

김승남 조은시스템 회장은 52세에 창업을 했다. 창업할 당시 회사의 방향과 경영철학에 대해서 고민하면서 여러 책을 뒤적거리다가 로버트 프로스트의 시를 읽게 되었다. 그의 시 중에서 〈가지 않은 길〉 한 구절이 마음에 꽂혔다.

'그렇다. 남이 가지 않은 길을 택하자.'

그렇게 결심하고 '남이 가지 않은 길을 가는 것'을 경영의 원리와 인생의 좌우명으로 삼고, 그렇게 살려고 노력해왔다. 현재 조은시스템은 특수경비, 금융보안 분야 국내 시장 점유율 1위를 차지하고 있다. 그리하여 남과 다른 발상이 몸에 배어 숫자도 남들이 싫어하는 4가 들어간 것을 고르고 골프채도 4번을 애용하는 식이다. 에너지 절약 시스템을 보안에 접목하는 것도 틈새시장 차별화 전략의 하나다. 기업이윤의 사회 환원 활동 또한 그에게는 차별화의 방법이다. 그는 조은문화재단을 만들어 장학사업과 연구지원 등을 꾸준히 하고 있다.

현재 팔순을 바라보는 김 회장은 "평생 많이 일하고, 많이 배우고, 많이 베풀려고 노력했다"고 한다. 그는 자기계발에 관해서는 여전히 구도자求道者의 심정으로 열심히 책을 읽는다. 90대에 고고학과 인류학에 미쳐볼 꿈을 갖고 있다. 그렇게 인문학을 공부하지 않으면 창의성이 나오지 않기 때문에 독서를 많이 한다고 한다.

김 회장은 직원 5명으로 창고에서 시작해서 지금 5,000명을 거느린 대기업의 총수가 되었지만, 그는 여전히 창업할 당시 부도난 회사에서 산 낡고 평범한 의자를 그대로 사용하고 있다. 초심을 잃지 않기 위해서다.

두 번째 창업 전략은 벤치마킹으로 실패확률을 줄이는 것이다.

나날이 치열해가는 경쟁 사회에서 창업을 할 때 실패하지 않기 위해서는 다양한 아이디어가 필요하다. 개인이나 몇 사람이 내놓는 생각으로는 한계가 있기 마련이다. 따라서 다른 사람이 또는 기업이 어떻게 생각했는지 참고할 필요가 있다. 흔히 사용하는 방법 중 하나가 벤치마킹이다.

벤치마킹은 원래 토목 분야에서 사용하던 말이다. 강물 등의 높낮이를 측정하기 위해 설치된 기준점을 벤치마크Benchmark라고 부르는데, 그것을 기준으로 삼아 설계나 시공 등을 해야 한다. 이것을 경영학에서 모범이 되는 사례를 따라 한다는 의미로 사용하게 된 것이다.

벤치마킹을 실제 경영에 처음 도입한 곳은 복사기로 유명한 제록스사이다. 제록스사는 1970년대 말 미국 시장에서 80%나 점유하고 있던 자사 제품이 일본 제품에 의해서 밀리기 시작하더니 어느새 30% 이하로 뚝 떨어지는 것을 경험했다. 위기감을 느낀 제록스사는 바다 넘어 건너온 조그마한 섬나라 일본 제품이 어떻게 미국에서 만든 제품보다 싸고 더 잘 팔리는지 그 이유를 알아보기로 했다.

고민하던 제록스는 자사 직원으로 하여금 일본 본사를 방문하여 일본 기업이 성공한 비결을 연구·분석하도록 했다. 분석 결과 일본제품이 그토록 단시간 내에 많이 나가는 것은 단순히 기계의 성능이나 부품이 좋아서가 아니라, 주문과정에서부터 디자인, 그리고 생산과정 등 모든 분야에서 제록스와 다르기 때문이라는 결론을 내렸다. 그때부터 제록스사는 일본 캐논사의 작업 방식을 도입해 생산적 혁신운동을 펼쳤다. 그 결과 잃어버렸던 시장 점유율 1위를 되찾았다.

다른 회사가 성공한 요인을 비교, 분석한 기법을 제록스가 스스로 벤치마킹이라고 부르면서 이 용어가 널리 퍼지기 시작했고, 여러 기업들이 이 방식을 앞다투어 사용하고 있다.

우리나라
벤치마킹의 사례

우리나라에서 찾을 수 있는 모범적인 벤치마킹의 사례로는 럭키금속을 꼽는다. 럭키금속은 수익성이 떨어지자 동일 업종에서 선도기업을 벤치마킹 대상으로 선정하려 했으나 국내에는 적당한 벤치마킹 대상이 존재하지 않았다. 그리하여 동일 업종에서 세계 최고로 인정받고 있는 일본의 스미토모금속의 Toyo제련소를 그 대상으로 선정했다.

일단 벤치마킹 대상으로 Toyo를 선정한 후에 벤치마킹 팀을 구성하여 일본 Toyo 회사로 파견했다. 그리고 선진기업인 Toyo와 자사와의 수익성이 어느 측면에서 차이가 있는지를 파악했다. 그 결과 수익성의 차이를 가져오는 중요한 원인이 원가에 있음을 알고, 전체 원가에 가장 큰 영향을 주는 요인들을 객관적으로 측정이 가능하도록 지표화하여 럭키금속과 Toyo 간에 정확한 비교가 가능하도록 했다. 그리하여 럭키금속과 Toyo 간의 원가요인별 성과 캡을 분석한 결과 럭키금속이 3년이나 뒤져 있다는 것을 파악한 후 자사의 수익성 개선전략을 수립할 때 벤치마킹 결과를 활용하여 마침내 1년 내에 Toyo와 비슷한 수익성을 가져올 수 있게 되었다.

창업 전략의 하나인 벤치마킹은 모방과 다르다. 위의 2가지 사례에서 보듯이 벤치마킹은 성공한 요인을 찾아내어 자사에 맞게 변형시켜 적용하는 것이다. 따라서 벤치마킹할 때 외형을 따라 하면 모방이 되므로 가급적 피하고 그 대신 노하우를 열심히 배워서 핵심을 자신의 상황에 맞게 적용해야 한다.

창업보다
어려운
수성의 길

Chapter 2

성장과 유지의 비결,

인문학에서 배우다

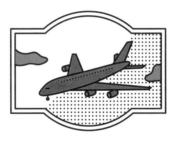

기업 경영의 본질은 공급과정과 의사결정으로 구성된 경영프로세스이며, 이것은 대기업뿐만 아니라 기업에 모두 적용된다. 따라서 생존을 위해서 경영자들은 경영 프로세스를 적합하게 체계화하고 합리화할 필요가 있다. 또한 창업가들이 기업의 본질과 성공, 실패의 원인이 자신에게 있다는 점을 분명히 이해해야 한다.

창업보다 어려운
수성의 길

▶▶▶

전국시대 진나라는 중앙집권적인 권력 체제와 강력한 군사력을 바탕으로 6개의 제후국을 차례로 복속하여 중국 최초의 통일국가가 되었다. 진시황이 마지막으로 평정하면서 천하통일을 완수했지만, 전국시대 내내 분열되었던 제후국들이 진나라로 통합되기까지 약 182년이나 걸렸다.

하지만 진나라는 대업을 이룩한 지 불과 15년 만에 허망하게 멸망하고 말았다. 진시황은 통일 이후 과도한 중앙집권정책을 펼쳤으며, 만리장성뿐만 아니라 곳곳에 무리한 토목공사를 벌였다. 이 과정에서 무거운 징수와 징발 등 백성들의 고혈을 짜는 폭정으로

악명을 떨쳤다. 그럼에도 진나라는 만대에 걸쳐 영원할 것이며, 자신 또한 영생하기를 소원했다. 진시황은 신하들을 파견하여 불로초와 불로장생의 비법을 얻는 데 모든 수단을 동원했으나 지방을 순시하다가 50세에 객사하는 불운을 맞이했다.

회사를 창업할 때는 누구나 자신이 가진 모든 열정과 에너지, 경제력을 쏟아붓는다. 그러고는 그 회사가 오래도록 굳건하게 번영하기를 희망할 것이다. 하지만 앞서 보았듯이 창업자의 기대와 달리 창업기업의 생존율은 가히 충격적이다.

상권이 형성된 번화가를 지나가다 보면 개업하는 점포들을 흔히 목격한다. 여기서 주목할 점은 점포 개업이 곧 과거 사업자의 폐업 혹은 이사를 의미한다는 사실이다. 그리고 통계청의 발표를 보면 이사가 아니라 폐업일 가능성이 매우 높다. 따라서 명심할 것은 창업하면 무조건 성공할 것이라는 기대감에 부풀어 무계획적으로 창업하면 안 된다는 것이다. 이를 통해 분명하게 알 수 있는 것은 신생기업은 스타트업Start-up이 아니라 스타트다운Start-down이 될 가능성이 더 높다는 사실이다.

당 태종 이세민이 신하들에게 물었다.
"제왕에게 창업과 수성 가운데 어느 쪽이 어려운가?"
이에 방현령이 대답했다.

"세상이 아직 개화되기 이전의 초창기에는 뭇 영웅들이 나란히 들고 일어나 힘을 서로 겨룬 뒤에야 상대를 신하로 삼을 수 있기 때문에 창업이 어렵습니다."

그러자 위장은 그 반대로 발했다.

"예로부터 제왕은 누구나 어려움 속에서 천하를 얻고 안일함에서 천하를 잃습니다. 그러므로 수성이 더 어렵습니다."

이 두 사람의 대답을 들은 후 당 태종은 다음과 같이 결론지었다.

"방현령은 나와 함께 천하를 취할 때 백사일생白死一生으로 살아남았기에 창업의 어려움을 알고 있는 것이오. 또 위장은 천하를 평정한 뒤 나와 함께 천하를 안정시키면서 교만과 사치는 부귀에서 생기고, 참회와 혼란은 소홀함에서 발생한다는 것을 늘 걱정했기 때문에 수성의 어려움을 알고 있는 것이오. 이제 창업의 어려움은 지나간 일이고, 당면한 수성의 어려움을 바야흐로 여러 공들과 함께 신중히 대처해 나가야 할 것이오."

창업 기업의 성공과 실패를 좌우하는
창업자의 마인드

기업 창업도 이와 마찬가지다. 심지어 최근에는 온라인

을 이용해 누구나 손쉽게 법인기업을 창업할 수 있다. 하지만 창업은 시작일 뿐 결코 사업의 목적이 될 수 없다.

기업 경영의 본질은 공급과정과 의사결정으로 구성된 경영프로세스이며, 이것은 대기업뿐만 아니라 기업에 모두 적용된다. 따라서 생존을 위해서 경영자들은 경영프로세스를 적합하게 체계화하고 합리화할 필요가 있다. 또한 창업자들이 기업의 본질을 이해하고, 창업 기업의 성공과 실패의 원인은 창업자 자신에게 있다는 점을 분명히 이해해야 한다.

기업을 오래 유지하기 위해서는 창업자의 마인드를 인문학으로 무장해야 한다. 인문학이 경영에 어떻게 도움을 주는지 알기 위해서 2010년 2월 14일, 발렌타인데이 때 두 상인이 실험을 했다. A 상인은 안내판에 '사과 1개 1,000원'이라 붙이고 지나가는 상인에게 말했다.

"꿀 사과 하나 사가세요. 하나에 1,000원입니다. 맛도 좋은 명품 사과를 단돈 1,000원에 모시고 있습니다."

B 상인은 사과 2개를 봉지에 넣고는 봉지에 '커플 사과'라고 써 붙였다. 그리고 행인에게 말했다.

"사랑이 이루어지는 커플 사과가 있습니다. 사랑의 노래를 들려주면서 키웠습니다. 2월 14일 발렌타인데이에는 초콜릿보다 사과를 선물해주세요."

두말할 것도 없이 상인 B가 더 많이 팔았을 것이다. B 상인은
사과를 팔고 있는 것이 아니라 추억, 사랑, 이벤트를 팔고 있기 때
문이다. B 상인처럼 되기 위해서는 인문학적인 소양이 있어야 한
다. 인문학적인 소양이 있으면 인간을 이해하게 되고, 인간을 제
대로 이해하게 되면 어떤 상황에 사람들이 지갑을 여는지 알게
되어 비즈니스에 활용할 수 있다.

청나라 강희제를 통해
기업의 성장 비결을 알아보자

▶▶▶

지금까지 많은 중국 지도자들이 벤치마킹하는 인물로 강희제를 꼽는다. 강희제는 중국 역사상 최고의 성군으로 불린다. 1644년 북경을 함락시켜 중원의 승자로 떠오른 순치제의 아들로서 8살에 왕위에 올랐으며, 14세부터 친정에 나섰고, 역대 황제 중 무려 61년간이나 황위 자리를 지켰다. 청나라를 세운 사람은 그의 증조부 누르하치지만, 청나라를 강국으로 성장시킨 황제는 강희제였다. 기업으로 말하면 강희제는 창업주의 3세대에 속한다. 이제 강희제를 통해서 기업을 유지하고 성장시키는 비결을 알아보도록 하자.

만주족 출신인 강희제는 15만 명에 남짓한 만주족들을 이끌고 자신들보다 천 배가 넘는 1억 5,000만 명의 한족들을 268년 동안이나 통치하는 기반을 마련했다. 참으로 기적에 가까운 일이다. 오늘날 기업을 성장시키고자 하는 CEO로서 본받아야 할 강희제의 리더십에는 무엇보다도 인재를 중시하는 마음이 있다.

강희제는 명망 있고, 절개가 높았던 한족의 학자 이곽의 마음을 돌리기 위해 7번이나 그를 직접 찾아갔다. 유비는 제갈공명을 모시기 위해 3번을 찾아갔으나 강희제는 7번이나 가서 모셔온 것이다. 또한 청나라가 유지되고 발전하려면 한족들의 참여가 절실하다는 것을 알고, 만주족과 한족들 사이에 갈등을 없애기 위해 만주족과 한족이 함께 하는 향음주례를 거행하도록 명하여 만한전석滿漢全席이라는 대연회 자리를 마련하기도 했다.

두 번째로 배울 점은 강희제의 학구열이다. 그는 한족 출신의 유학자로부터는 주자학을, 예수회 출신의 서양인 신부로부터는 자연과학을 배우는 등 학문에서 분야를 가리지 않고 공부하여 왕조의 문화전성기를 이뤄낸 바탕을 만들었다.

인재를
중요시하는 기업

　　기업을 운영하기 위해서는 1인 기업이 아닌 이상 사람을 써야 하며, 그러기 위해서 인재를 등용해야 한다. 문제는 인재를 볼 줄 아는 안목과 그 인재를 제대로 활용할 줄 아는 능력이다. 그리하여 "준마는 많이 있으나 그 준마를 볼 줄 아는 안목이 중요하다"는 말이 생긴 것이다.

　　강희제처럼 인재를 중시하고 인재를 키우는 기업인으로는 성공한 창업 1세대들을 들 수 있다. 그중에서도 이병철 회장은 조직적으로 인재를 키웠다. 경력관리도 체계적으로 하고 다소 벅찬 일을 맡겼으며, 구성원들이 항상 도전적인 일을 하게 했다. 그는 "나는 내 일생의 80%는 인재를 모으고 교육하는 데 시간을 보냈다. 내가 키운 인재들이 성장하면서 두각을 나타내고 좋은 업적을 쌓는 것을 볼 때 고맙고, 반갑고 아름다워 보인다"고 술회한 바 있다.

　　오늘날 변화가 많고 복잡다단한 사회에서 기업을 제대로 운영하고 성장시키기 위해서는 부단히 책을 읽고 공부하고 연구하지 않으면 기업을 오래 유지할 수도 없고 발전할 수도 없다. 그러기에 오늘날의 많은 CEO들은 해외에 나가서 공부하고 책을 많이 읽으면서 다방면에 걸쳐서 지식을 쌓는다. 자신뿐만 아니라 직원들을 선진 문화나 경영기법을 터득하도록 해외에 연수교육을 보내고 있다.

오늘날 이런 학구열을 갖춘 기업인으로 김영훈 대성그룹 회장을 꼽을 수 있다. 김영훈 대성그룹 회장은 故 김수근 화장의 삼남으로 대성그룹을 맡은 후 준법, 합리를 바탕으로 한 윤리 경영을 해 나가고 지속 가능 경영을 추구하고 있다. 그는 일주일에 책을 2권씩이나 읽는다고 한다. 대성의 구성원들에게 독서를 권하고 책을 많이 읽는 직원에게는 포상을 하기도 한다. 서울 관훈동 대성그룹 사옥 지하엔 다양한 분야의 책이 1만 권 이상 보관된 서재가 있다. 책을 다루는 사서가 있어 언제든지 직원들이 책을 대출할 수 있도록 하여 독서를 권장하고 있다.

변화에 대한 적응력,
인문학에서 배우다

▶▶▶

당나라와 송나라 이래로 중국 정치인, 사상가, 군사전략가, 성공한 상인들이 늘 곁에 두고 보며 처세의 지침으로 삼고 있는 2권의 필독서가 있다. 하나는 중국 역사를 정면으로 다룬 『자치통감資治通鑑』이고, 다른 하나는 중국의 정치, 외교, 군사 등의 책략을 반면反面에서 바라본 『반경反經』이다.

『반경』은 도덕적 교훈을 설파하는 책은 아니라 구체적 현실을 극복할 수 있는 책략을 담은 비서祕書이다. 『반경』에는 '적변適變'이라 하여 마땅히 변화에 적응해야 한다고 말했다. 자신의 체면과 권위를 내세워 변화하지 않는 것은 어리석다고 했다. 그 예로 다음의 몇 가지를 들었다. 즉 탕왕과 무왕은 비록 거룩한 군주였으나 월나라 사람들과 같이 배를 탈 수 없다고 하여 강호를 떠돌아다니지 않았다. 또 공자와 묵자는 비록 박학하지만 산사람들과 함께 산림 속을 누비지 않았다.

하지만 세상이 변하면 탕왕과 무왕은 배를 타야 하고, 공자와 묵자는 산림 속을 누비고 다녀야만 진정한 승리를 부를 수 있는 것이다. 세상이 변했는데도 적응하지 못하면 실패하고 만다. 기업도 마찬가지다.

변화 적응에
실패한 모토로라

톰 피터스는 1987년 그의 저서 『경영 혁명』을 통해서 "초우량 기업은 존재하지 않는다"라고 결론을 내렸다. 그러면서 장수기업과 단명하는 기업의 차이는 '변화에 대한 적응력'이라고 말했다. 장수기업의 직원들은 "우리가 누구이며, 어떠한 가치가 있는 일을 하고 있는가?"라는 기업의 정체성에 대해서 정확히 알고 있었고, 항상 새로운 것을 추구하면서 변화에 적응하는 남다른 능력을 가지고 있었으며, 업業의 개념을 정확히 이해하고 있었다.

반면에 단명하는 기업은 변화에 대응하는 데에 실패했으며, 또 무엇을 하고 있는지 정확히 모르고 있었다.

스마트폰 시대에 적응하지 못하다 몇 년 전 구글에 인수된 모토로라가 휘청거리기 시작한 것은 17년 전으로 거슬러 올라간다. 지난 1997년 모토로라 경영진은 조개껍데기를 본떠서 만든 '스타텍' 출시를 앞두고 한껏 고무되어 있었다. 그런데 문제는 그 당시 무선통신시장이 디지털 시대로 이동하고 있다는 것은 간과하고 있었다는 점이다. 그리하여 '스타텍'은 아날로그에 기반을 두고 있었다. 당시 고위 경영자는 디지털 위협을 무시하고 "4,300만 명의 아날로그 고객이 있는데 뭐가 문제인가?"라고 큰소리쳤다. 그런데 90년대 중반까지 50%를 육박하던 세계 1위 휴대폰 제조사 모토로라는 1999년에 17%까지 추락하고 말았다. 몇 년 사이에 급락하고 만 것이다. 급기야 몇 년 전 회사가 '구글'로 넘어가고 말았다. 이런 근본 이유는 변화하는 시장에 적응하지 못했기 때문이다.

대부분 선도기업의 경영자는 성공에 취해 자신만의 성공방식을 만든다. 이러다 보면 자신의 생각이 옳다고 믿고 다른 생각을 쉽게 받아들이지 못하는 '확증편향증'에 사로잡히고 만다. '확증편향증'에 빠지면 자기 생각이 옳다고 여기는 정보만 받아들인다. 그리하여 변화에 눈이 멀게 되고 재빨리 대응하지 못하여 마침내 몰락하고 만다.

인문학에서 배우는
장수 CEO의 성공비결

▶▶▶

인간관계에서 상대를 잘 활용하기 위해서는 먼저 자신의 근본 바탕을 인식하고 그다음 여러 가지 구체적 실무에 힘써야 한다. 나를 알고 세상을 아는 것, 즉 나만의 반경을 만드는 것이 왕의 길이며, 리더가 갖추어야 할 덕목이기도 하다.

정치의 바탕으로서 정체政體가 형성되는 이유를 살펴보면, 옛날에 제왕을 둔 이유는 그들의 탐욕을 만족시키기 위함이 아니라 늘 강대한 사람들이 약소한 사람들을 억누르고, 간교한 자가 성실한 자를 모욕하기 때문에 천자를 두어 그들을 다스리게 하기 위함이었다. 그렇게 함으로써 천하가 공명정대하고 합리적이며, 만인을 통합하기가 수월했기 때문이다. 그러나 천자 한 사람으로 천하의 모든 곳을 관리할 수 없으므로 삼공三公, 구경九卿과 같은 각급 관리의 체계를 마련하여 천자를 보좌하도록 한 것이다.

앞 장에서 언급한 『반경』에는 정치에서 군주와 신하 관계에 대해서 언급한 글이 나온다. 먼저 군주는 덕이 우선되어야 한다고 했다. 국왕은 겸손하고 만물을 용납할 만한 도량이 커야 하고, 백성들에게 한 약속은 꼭 실행해야만 백성들로부터 옹호와 추앙을 받는다는 것이다.

덕승재德勝才라는 말이 있다. 즉 덕이 재주를 이긴다는 뜻이다. 이것은 만고의 진리다. 아무리 좋은 재주를 가졌을지라도 덕이 있는 사람을 이기지 못하는 법이다. 『반경』에는 '덕표德表'라고 하여 혼란한 세상을 다스리는 9가지 원칙을 제시했다. 그 9가지 원칙은 다음과 같다.

첫째, 부귀영화를 누린다고 다른 사람을 모욕해서는 안 된다.

둘째, 권세를 등에 업었다고 제멋대로 해서는 안 된다.

셋째, 이미 한 약속은 반드시 지켜야 한다.

넷째, 오만무례하거나 안하무인으로 사람을 대하면 안 된다.

다섯째, 재능이 있다고 뽐내서는 안 된다.

여섯째, 사람을 차별해서는 안 된다.

일곱째, 미운 사람이라고 보복해서는 안 된다.

여덟째, 도덕에 어긋난 행동을 해서는 안 된다.

아홉째, 사람을 인의仁義로 대해야 한다.

그리고 군주로서 가장 중요한 것은 인재를 얻는 것이라고 했다. 『반경』에서 군주에게 강조하는 정신이나 덕목은 오늘날 기업을 운영하는 CEO에게도 적용될 수 있다. 한 나라를 운용하는 것이나 한 기업을 운용하는 것이나 같은 원리가 작용될 수 있기 때문이다. 그것은 정치나 기업 모두 사람을 다스리고 관리하는 것이기 때문이다.

장수 CEO의
성공비결

존 데이비스 하버드 비즈니스스쿨 교수는 "기업이 장수하는 데에는 3가지 비결이 있다. 다음 세대를 맡을 경영인들이 새로운 사업 기회를 찾을 수 있도록 충분한 신뢰와 자부심, 그리고 자금을 축적해 놓는 것"이라고 했다. 또한 국내 상장기업 중 50년이 넘는 장수기업 70개를 연구, 분석한 결과 CEO의 가장 중요한 덕목을 다음과 같이 정리했다.

첫째는 한 우물 파기요, 둘째는 신기술 개발이요, 셋째는 고유 브랜드를 고수하는 것, 넷째는 탄탄한 재무구조, 마지막으로 인재를 아끼는 것이라고 했다. 그러면서 성공한 사업가는 도전과 개척 정신이 있고 근검절약하며, 신용제일주의를 실현하고, 신념의 정신을 바탕으로 하는 반면, 실패한 사업가는 탐욕과 낭비, 불성실과 신용 결여, 피해망상과 인내 부족, 도전과 개척 정신의 결여를 뽑았다.

미국 잡지 〈포춘〉은 2011년 6월 16일 IBM 100주년을 맞이하여 창업주 토머스 왓슨의 경영전략을 통해 본 IBM 장수 비결 5가지를 발표했다.

첫 번째는 직원에게 회사에 대한 신뢰를 심어주는 것이고, 두 번째 비결은 회사의 독특한 문화이며, 세 번째 비결은 때로는 회사의 명운을 걸 도박을 했다는 점이고, 네 번째는 사람들의 입에 오르게 했다는 점이며 마지막으로 자신보다 더 나은 후계자를 찾았다는 점이었다.

역사를 통해 기업의 성장과
쇠락의 비밀을 배운다

▶▶▶

건륭제는 중국 역사상 최고의 성군으로 불리는 강희제의 손자이자 강건성세 133년의 마지막을 장식한 황제로 60년 황금치세의 기반을 다지고 견고한 왕국을 건설한 사람이다.

건륭제는 24살의 나이에 황제의 자리에 올라 재위 기간 동안 문덕文德으로 나라를 다스리고 무위武威로 공을 세웠다. 건륭제는 강희제처럼 인재에 모든 것이 달려있다고 믿고, 늘 인재를 찾고 등용하는 데에 힘을 쏟았다. 또한 건륭제는 선대 황제인 강희제와 옹정제의 장단점을 파악하여 장점은 취하고 단점은 버릴 줄 아는 현명한 황제였다. 강희제는 너무 관용을 베풀어 관리들의 부패를 용납했고, 옹정제는 지나치게 엄격하여 공포감을 조성했다. 이런 단점을 파악한 건륭제는 관대함이 방임으로 흐르지 않고, 엄함이 지나쳐 포악하지 않도록 노력했다. 그리하여 지나치게 조이거나 늦추지도 않고, 나태하지도 않고, 조급하지도 않았으며, 그렇게 해야 공명정대한 나라가 될 것이라고 믿었다.

건륭제는 어려서부터 역사서를 즐겨 읽었으며 특히 당나라 때 오긍吳兢이 쓴 『정관정요貞觀政要』를 몇 번이나 읽으면서 치세의 교훈으로 삼았다. 특히 그는 그 책 속에 나오는 "편안할 때 오히려 위태로움을 생각하라"는 구절을 가슴 깊이 새겨 치세의 교훈으로 삼았다. 이 구절은 오늘날 기업을 하는 사람들도 반드시 새겨야 할 교훈이다. 기업이 잘 돌아가고 안정적이라고 할 때 위기를 준비하라는 말이다.

건륭제는 두 선대 황제가 73년 동안 닦아놓은 기반 위에서 60년간 경세치민의 위대한 업적을 남겼다.

단명기업의 특징

의학기술의 발전과 체계적인 질병 관리 덕분에 인간 수

명은 100세 시대를 맞이하고 있으나 기업의 수명은 점점 짧아지고 있다. 경영학자 피터 드러커는 경영자가 사업을 잘하기 위해서는 "우리가 하는 사업은 무엇인가?"라는 질문에 간단명료하게 대답할 수 있어야 한다고 말했다. 현실에 안주하지 않으면서 항상 새로운 것을 추구하고, 자신들이 하고 있는 업業의 개념에 대해서 정확하게 인식하는 것이 장수기업의 특징이라는 것이다. 기업의 역사는 변화의 역사이므로 탁월한 변신능력이 장수기업의 조건이다. 기업이 단명으로 끝나는 것은 변화에 실패하고, 안전하다고 할 때 미래를 대비하지 않은 것이 가장 큰 이유이다.

매출액 기준으로 68년간 연속적으로 세계 1위였던 GM이 2009년 파산 위기를 맞았다. 미국의 대표적 항공사 델타와 사우스웨스트는 저가 항공사들의 공세와 유가 급등을 견디지 못하고 파산신청을 했다. 코카콜라는 7년 사이에 CEO를 3번이나 갈아치우며 100년 이상이나 지속되어 온 콜라 사업에만 여전히 집중해 변화의 시기를 놓쳤고, 펩시는 이미 공고한 자리를 잡고 있는 코카콜라와의 경쟁에서 살아남기 위해 무탄산음료, 과자, 레스토랑 사업 등으로 다각화를 시도하며 2005년에는 코카콜라를 시가총액으로 추월하기도 했다.

반면에 1998년 단 2명으로 시작한 '구글'은 2004년 나스닥에 상장된 후 1년 4개월 만에 1,300억 달러로 불어났고, 2017년 기준

시가로 세계 1위, 브랜드 가치 세계 1위에 올랐다. 10년 전만 해도 '구글'이 세계 500대 기업에 들어갈 것이라고는 누구도 상상하지 못했다. 그러나 지금 세계 최고의 기업으로 성장한 이유는 굉장히 빠른 속도로 기존 사업 모델에서 탈피했고, 살아남기 위해 기존의 낡은 습관을 버리고 새로운 것을 창조했기 때문이다. 지난 10년 동안 세계 500대 기업 중 3분의 1이 사라졌다. 잘나가던 기업이 사라지는 이유는 현재 생존에 필요한 성공방식을 제대로 이해하지 못했기 때문이다.

청의 황제 건륭제가 위대한 것은 즉위한 후 선대 황제들의 통치 스타일을 그대로 답습하지 않고 장점을 취하고 단점을 버리는 새로운 통치 방식을 구현했기 때문이다. 또한 시대에 맞게 변화를 시도하고 안전할 때 위기를 준비했기 때문에 60년간 황금시대를 열 수 있었던 것이다. 마찬가지로 기업도 재빨리 시대에 맞게 변화하여 새로운 성공방식을 찾아야 오랫동안 장수할 수 있다.

신인문학 경영의 지혜

경영의 실패 원인을
『삼국지』에서 배우다

▶▶▶

위, 촉, 오 세 나라가 중국 대륙을 지배하고 있던 삼국시대의 일이다. 이 세대는 격변의 시기이므로 영웅들의 흥망성쇠도 심했다. 시대의 흐름에 안 맞으면 금방 무너지기도 하고, 무명으로 있다가 혜성같이 나타나기도 했다.

IMF 위기 이후 격변기의 한국 재계를 보면 마치 삼국시대처럼 불과 4~5년 사이에 30대 그룹 절반이 무너지고 10대 그룹의 서열도 새로 매겨졌다. 그런데 유의할 것은 오너나 경영자의 그릇과 역량에 따라 기업의 부침이 결정된다는 점이다.

관우가 위나라의 요충지인 번성 함락 직전까지 이르렀을 때 위나라는 수도를 허창에서 다른 곳으로 옮겨야 할 지경에 처했다. 이때 관우의 명성은 하늘을 찌를 듯했다. 이때가 촉의 전성기였다. 나라나 기업도 전성기 때가 가장 위험한 법이다. 전성기에 취하다 보면 어느새 위기가 코앞에 닥쳐 있다.

관우는 승리하면서 오만해지기 시작했다. 오나라 손권이 자신의 딸과 관우의 아들을 혼인시키려고 권유하자 모욕을 주면서 한 마디로 거절해 버렸다. 관우가 오만해지면서 유비마저 컨트롤할 수 없게 되었다. 또한 관우는 승리에 도취되어 국제적 변화를 읽지 못했다. 이때 위나라에서는 교묘한 외교전을 펼치고 있었다. 위나라는 오나라 손권에게 형주의 지배권을 인정할 터이니 관우의 배후를 치라는 것이었다. 이 제안을 받아들인 손권은 비밀리에 관우를 기습할 계획을 세웠다. 촉나라는 이런 사실을 까맣게 모르고 있었다. 손권의 명을 받은 여몽은 기습작전을 펴서 형주를 전광석화처럼 점령해버렸다.

관우는 필사적으로 탈출을 시도하려다가 오나라 군사들에게 잡혀 아들 관평과 함께 장렬한 죽음을 맞이한다. 관우가 오나라에 잡히기 직전 가장 가까운 곳에 있던 유봉과 맹달에게 구원을 청했으나 거절당한다. 그들은 평소 오만한 관우의 태도에 반감을 가지고 있었으므로 삼촌과 같은 관우의 청을 거절한 것이다.

관우의 죽음으로 인하여 천하의 배꼽과 같은 형주가 오나라로 넘어가면서 국제 질서에도 큰 변화가 왔고, 가장 치명적인 손상을 입은 것은 유비였다. 관우가 죽고 나서 유비도 변하게 된다. 균형 감각을 잃고 무리한 고집을 부리게 된 것이다. 이로 인해 촉나라는 멸망의 길로 들어서게 된다.

유비는 양자인 유봉에게 관우를 돕지 않은 책임을 물어 무자비하게 자살하게 만든다. 유비가 관우의 원수를 갚겠다는 명분으로 오나라를 치려고 할 때 제갈공명은 말리지 못했다. 이것이 촉나라의 멸망으로 가는 지름길이었다.

기업 경영에서도 그런 일이 벌어진다. 창업자가 고집을 부릴 때 2인자가 막지 못하여 큰 비극이 일어나는 경우가 많다.

기업의 실패를 가져오는
CEO의 7가지 습관

다트머스 경영대학원 시드니 핑켈스타인 교수는 전 세계 197명의 CEO를 인터뷰하고 기업이 실패하는 원인에 대해서 밝힌 연구 논문 '실패에서 배우는 성공의 법칙'을 발표했다. 이 논문에 따르면, 기업의 실패는 CEO가 가진 7가지의 잘못된 습관 때문이라고 했다. 그가 밝힌 경영자의 7가지 잘못된 습관은 다음과 같다.

첫째, 자신과 기업을 너무 동일시하여 자신의 이익과 기업의 이
익 사이에 경계가 없다.

둘째, 자신과 기업이 환경을 지배한다고 착각하고 있다.

셋째, 모든 해답을 자신이 쥐고 있다고 생각한다.

넷째, 자신의 완벽한 추종자가 아니라고 생각하면 무자비하게
제거한다.

다섯째, 기업의 이미지에 사로잡힌 완벽한 대변인 노릇을 한다.

여섯째, 중요한 장애물을 과소평가한다.

일곱째, 과거의 성공에 집착한다.

위의 나쁜 습관들은 촉나라가 멸망의 길에 들어섰을 때 관우와
유비가 보여주었던 모습과 비슷하다. 한 나라가 망하는 길과 기업
이 망하는 길은 거의 비슷하다고 볼 수 있다.

기업들이 장수하지 못하고 단명하는 가장 큰 원인은 경영자가
가진 나쁜 습관이라는 것이다. 따라서 이런 나쁜 습관을 바꾸는
기업은 실패에서 벗어날 수 있을 것이고, 그렇지 못한 기업은 실
패에서 헤어나오지 못할 것이라고 했다.

농구 황제 마이클 조던으로부터 배우는 실패의 교훈

▶▶▶

실패는 실패 그 자체보다 사람과 조직에 미치는 심리적 영향이 더 큰 문제다. 실패를 경험했을 때는 누구나 비관적이 되기 쉽고, 의기소침해지기 마련이다. 때로는 도를 넘어 절망과 좌절을 경험하기도 한다. 이런 현상들은 모두 실패를 확고한 장애로 받아들이고 자신의 패배를 인정함을 말한다. 하지만 우리는 실패를 넘어 그 후를 보아야 한다. 실패가 영원한 패배로 끝나는 경우도 있고, 반면에 실패가 성공의 발판이 되는 경우도 있다.

실패의 악순환을 끊는 가장 확실한 방법은 바로 그 실패를 패배시키는 일이다. '나를 알고 적을 알면 백전백승'이라고 했듯이 실패를 직시해야 그 실패 앞에서 절대로 무너지는 일이 없다.

'1대 29대 300의 법칙'이라는 것이 있다. 이것은 한 번의 대형사고가 나기까지 이미 그전에 그와 유사하지만 미미한 사고가 29번이나 발생했고, 300번이나 징조가 감지되었다는 이야기다. 이로써 실패를 결과론으로만 볼 것이 아니라 그 과정을 따지고 면밀하게 분석할 필요가 있다는 것이다.

실패가 발판이 되어 현재의 성공을 만든 경우의 예로 농구 황제 마이클 조던을 들 수 있다. 그는 이렇게 말했다.

"한평생 농구를 하면서 9,000번이나 넘는 슛을 성공시키지 못했다. 거의 300경기에서 고배를 마시기도 했다. 내가 잘만 던졌으면 이길 수 있었던 기회를 26차례나 놓쳤다. 이렇게 보면 내 인생은 실패를 넘고 넘은 역경이라고 할 수 있다. 하지만 바로 그 실패들이 내가 성공할 수 있었던 이유이기도 하다."

마이클 조던은 수많은 실패를 했지만 그것이 자신의 성공의 밑거름이 되었다고 말한 것이다.

홈런왕 베이브 루스도 실패의 밑거름으로 성공을 거둔 인물이다. 베이브 루스는 생애 통산 714개의 홈런을 쳐냈다. 그러나 그는 714개의 홈런을 치기 위해 133개의 삼진 아웃을 당했다. 그가 삼진아웃이라는 실패를 두려워했으면 홈런왕이 될 수 없었을 것이다.

마이클 조던이나 베이브 루스는 여전히 미국인들이 영웅으로 여기며 마음속에 간직하고 존경하는 인물들이다. 그들은 뛰어난 능력을 갖추기도 했지만 좌절을 극복하는 힘을 보여줌으로써 미국인들에게 큰 감동을 주었기 때문이다.

실패한 제품을 다시 연구하여 대히트 치다

기업에서 역전승을 거둔 사례를 들 때 자주 언급되는 기업이 바로 3M이다.

1939년 3M 중앙연구소 연구원이었던 스펜서 실버는 새로운 접착제를 실험하던 중 접착제를 발명했다. 그런데 이것은 붙기는 하지만 금방 떨어지는 문제로 실패한 작품이었다. 그리고 5년 후 1974년 3M의 제품 사업부의 직원인 아서 프라하는 예배를 보던 중 성경책에 붙였다 뗐다 할 수 있는 접착제가 있었으면 좋겠다는 생각을 하게 되자 5년 전에 자신의 회사에서 실패한 제품을 찾았다. 그리고 그 제품을 보완하여 만든 3M의 포스트잇 상품이 대히트를 친 것이다.

만약 3M 회사가 5년 전에 실패한 제품이라고 무시해버리고 포기했다면 5년 후에 히트를 친 대성공의 제품이 나오지 않았을 것이다. 실패를 실패로 인정하지 않고 성공의 기회로 삼고 도전했기 때문에 그런 성공을 이룰 수 있었던 것이다. 사람이나 기업이나 문제는 실패를 어떻게 받아들이느냐 하는 인식의 차이다.

한편 삼성경제연구소는 "실패는 숨기고 싶어 하는 것이 사람의 자연스러운 본능이지만 실패를 숨기거나 무시하면 유사한 실패가 반복적으로 나타나 더욱 실쌔를 한다"고 보고했으며 "실패를 독려하며 실패로부터 배우는 구체적 전략을 실천하는 사람이 실패정복자"라고 분석하기도 했다.

현명한 자가

현명한 자를

얻는다

Chapter 3

사람 관리의 비결,

인문학에서 배우다

유비의 제갈공명 영입은 역사상 가장 성공적인 스카
우트였다. CEO가 성공하려면 2인자를 잘 만나야 한
다. 훌륭하면서도 일인자가 될 욕심이 없어야 하기 때
문이다. 그러한 2인자를 맞아 잘 쓰는 것은 위대한
CEO의 안목이며 복이다.

조조로부터 배우는
용인술의 원칙

▶▶▶

위나라가 삼국 중에서 가장 강력했던 이유를 조조의 용인술에서 찾을 수 있다. 조조는 사람을 뽑을 때 의리나 인정에만 호소하지 않고 일할 보람과 안정된 자리, 또 물질적 보상을 잘 해줌으로써 좋은 인재들을 등용할 수 있었다.

조조는 사람을 보는 안목도 뛰어났지만, 관리 능력도 탁월했다. 사람의 능력과 잠재력을 파악하여 적재적소에 활용할 줄 알았던 것이다. 조조 밑에는 사람들이 들끓었다. 정확한 능력을 평가해 능력을 길러주고 사람을 끄는 매력도 있어서 많은 사람들이 사방팔방에서 모여들었다. 조조 밑에는 다양한 사람들이 풍부하게 포진되어 있었다. 좋은 계책을 내는 참모를 비롯하여 용맹스러운 장수, 병참이나 행정에 능한 관료, 글을 잘 쓰는 문장가 등이 즐비해 있었다. 조조는 이들을 자유자재로 써서 나라와 천하를 경영했다.

조조는 처음에는 친인척의 사람들을 등용했다. 조인, 조홍, 하우돈, 하우연 등이 그 대표적인 인물로 이들은 그 당시 알아주는 명장이었다. 이들의 적극적인 도움으로 시작은 했지만 한계를 느낀 조조는 대담한 외부 수혈을 하기 시작했다. 싸움에 이겨 다른 나라를 점령할 때마다 적군 가운데 좋은 인재들을 발탁하여 등용했다. 장요, 서황, 장합 등이 그 대표적인 인물이다.

조조는 인재를 등용할 때 신분 따위는 따지지 않았다. 심지어 황건적이나 산적 중에서도 재주가 출중하면 과거를 묻지 않고 등용했다. 허저, 이전, 전위 등이 그 대표적인 인물이다. 조조는 오늘날로 말하면 스펙을 따지지 않고 인품과 능력만 보고 등용했던 것이다. 조조는 숨은 인재를 발굴할 줄 아는 능력 또한 탁월했다. 그중의 한 사람이 삼국을 통일한 사마의다. 사마의로 인해 위나라는 촉의 거듭된 공격을 막을 수 있었다.

조조는 적극적으로 사람들을 찾아 나섰다. 조조가 55세가 되었을 때에 인재를 모으려고 발령한 구현령求賢令을 보면 조조의 인재관이 그대로 드러난다. 그 내용을 요약하면 다음과 같다.

"예로부터 왕조를 부흥시키거나 치세를 잘한 황제는 모두 훌륭한 인재의 도움을 받았다. 현인을 발견하면 윗사람이 적극적으로 나서지 않으면 안 된다. 현인은 우연히 만나는 게 아니다. 초야에 있는 사람을 찾아내라. 오직 능력만으로 천거하라. 나는 능력이 있는 사람을 좋아한다. 나는 능력 있는 사람을 중요시할 것이다."

조조는 신분이나 지위 등을 따지지 않고 오로지 능력 위주로 사람을 채용했으며 인재를 아끼고 관리할 줄 알았다. 애초엔 원소가 병력이나 병참, 인재 면에서 앞서 있었다. 그러나 CEO라 할 수 있는 조조와 원소의 능력을 비교해 볼 때 조조가 월등했다. 원소는 유능한 인재들이 많았지만 그들을 쓸 줄 몰랐으며, 대를 이은 명문 가족 출신으로 자존심만 높아 인재들을 대접하고 소중히 할 줄 몰랐다. 반면에 조조는 환관 후손으로 늘 몸을 낮추었다. 그리하여 많은 인재들이 따랐다.

권력 앞에 고개를 숙이는 사람들의
심리를 잘 파악한 사마의

중국 위나라 사마의 주위에는 많은 인재들이 모여들었다. 그러나 "사람이 있으면 인정이 있고, 사람이 떠나면 차가 식는다"는 말이 있듯이 사마의가 살아있을 때는 막강한 권력을 장악하고 있어 자신뿐만 아니라 자기 아들 두 형제에게도 굽신거린다는 것을 잘 알고 있었다. 그러나 자신이 죽은 다음에는 사람들이 지금처럼 자기 아들에게 복종하지 않을까 걱정한 그는 마지막으로 자기 아들 권력에 장애물이 될 것으로 판단한 왕릉마저 자살하게 한다. 왕릉은 압송되어 항성에 이르렀을 때 "왕릉은 진실로 위나라를 위해 충성했네!"라고 소리 지르며 자살하고 만다. 그런데 사마의는 두 아들의 권력을 잡는데에 방해물만 생각했지, 두 아들의 자질은 생각하지 못한 것이다.

사마의는 죽기 전에 아들 두 형제를 불러 후사를 부탁하고 73세의 나이로 죽고 만다. 그는 오늘날 리더나 기업인들이 인재를 뽑을 때 유념할 만한 중요한 말을 남겼다.

"이익으로는 보통 사람의 지지를 얻고, 가치로는 뛰어난 사람의 지지를 얻는다"는 말이다. 다시 말해 이익을 제공하는 것으로는 평범한 사람들의 지지를 얻지만 비전이나 가치를 제공했을 때는 뛰어난 인재들의 지지를 얻을 수 있다는 것이다. 사마의는 이런 생각으로 인재들을 등용했기 때문에 생전에 많은 인재들이 모여들었다. 그러나 그가 등용한 인재 중에서 7명이나 되는 신하들이 그가 죽자 반란을 일으켰다.

오늘날 많은 기업들의 문제는 대우가 좋지 않아 인재가 머물지 않는 것이 아니라, 물질적인 수단만 있고 정신적인 정체성이 없기 때문이다. 사업에 미래가 있고, 리더가 품격이 있어야 고급 인재가 머무르게 할 수 있다.

사마의가 죽은 다음에 정권을 잡은 두 아들 사마소와 사마사는 바로 이런 정체성이 없었기 때문에 사마의가 죽자마자 반란을 일으키게 된 것이다.

현명한 자가
현명한 자를 얻는다

▶▶▶

중국의 정치가, 성공한 상인들이『자치통감』다음으로 많이 읽는『반경』에는 인재를 얻는 방법에 대해서 이렇게 적혀 있다.

곽외라는 선비가 연나라 소왕에게 간언한 내용 중에서 나온 말이다.

"뜻을 굽혀 순종하면서 허심탄회하게 가르침을 받으면 자기보다 백 배 강한 인재들이 올 것이요, 현자를 구하는 데에 끈기 있게 기다리지 않고 가르침을 구하는 데 꾸준한 마음이 없으면 자기보다 10배 강한 인재를 얻을 것이요, 다른 사람들이 능동적으로 찾아올 때까지 기다리면 자기와 비슷한 사람을 얻을 수 있을 것이요, 남을 마음대로 부린다면 다만 노복을 얻을 따름이요, 방종하고 사나운데다가 큰 소리로 외치면서 부른다면 노예를 얻을 수 있을 따름이요."

적합한 사람을 얻기 위해서는 상대를 어떻게 판단하는가가 제일 중요하다. 거기에 대해서 한비자는 이렇게 말했다.

"사람이 모두 잠들었을 때 누가 맹인인지 가려낼 방도가 없으며, 사람들이 모두 침묵하고 있을 때 누가 벙어리인지 알 수 없다. 깨어난 뒤에 사람들을 보게 하고 물음을 통해 대답을 하게 하면 벙어리와 맹인을 가려낼 수 있다. 마찬가지로 어느 말이 명마인지 알려면 달리게 해봐야 하고, 진짜 보검을 감별하려면 베어봐야 한다."

어떻게 하면 그 사람을 알고 그 마음을 알 수 있을 것인가? 『반경』에서 제시하는 사람을 판단하는 6가지는 다음과 같다.

성실함을 살피고, 덕을 헤아리고, 사람의 목소리를 통해서 기운을 듣고, 얼굴 안색을 살피고, 상대방과 대화하면서 그 뜻을 살피고 속마음을 탐지한다. 그렇다면 속마음은 어떻게 알 수 있을까?

은밀하면서도 갑작스럽게 상대에게 질문해보라. 그러면 그 사람이 어떤 사람인지 속내가 드러난다. 그리고 상대의 신실함을 검증하고 싶다면 어떤 비밀을 꾸며 보는 것이다. 또한 돈을 맡길 사람에게는 돈으로 시험해보라. 재물에 관련된 일을 처리하도록 해 청렴도를 살피는 것이다. 그리고 그의 능력을 제대로 보려면 측근에 두고 일을 시킴으로써 일의 진척 여부를 살핀다. 이때 복잡한 일을 시킴으로써 그의 능력 정도를 가늠할 수 있다. 문제를 복잡하게 풀어내는 사람은 아마추어이지만, 그것을 단순화시켜 분명하게 해결하는 사람은 프로다.

기업의 후계승계,
조조로부터 배운다

▶▶▶

실패를 자산으로 돌리는 능력이 뛰어난 것도 조조의 큰 장점이다. 조조는 실패를 했으면 반드시 그 원인을 찾아 2번 되풀이하지 않도록 했다. 항복한 장수를 믿었다가 갑자기 기습을 받아 죽을 뻔한 후에는 "내가 빨리 인질을 취하지 않는 실수를 저질렀다. 다시는 그러지 않겠다"라고 다짐했다. 그 뒤부터 조조는 승리한 후에 마무리를 철저히 하여 뒤통수를 얻어맞는 실수를 범하지 않았다.

조조는 몸소 전투를 지휘하면서도 책을 놓지 않았다. 조조는 특히 병법가 송자의 책을 독파하여 해설서를 펴내고 그것을 부하들에게 읽게 하였다. 또한 조조는 유명한 시인이었다. 조조가 원소의 잔당을 소탕하러 갈 때, 적벽대전 때, 마초를 치러 서량지방에 갔을 때 지은 시가 아직도 많이 남아 있다.

조조가 무엇보다도 훌륭한 것은 후예 구도를 잘 짜고 성공적으로 정착시킨 점이다. 위대한 경영자도 후예 구도에 실패하여 기업을 단명에 그치게 한 경우가 많다. 따라서 경영자의 평가는 후대까지 까봐야 한다는 말이 있다. 본인은 아무리 잘해도 후계를 잘못 선택하거나 전략을 잘못하여 위대한 창업이 물거품이 된다. 너무 늦게까지 권력을 놓지 않거나 후계를 잘못 선택하면 그렇게 되기 쉽다. 권력의 문제는 미묘한 문제이므로 드러내놓고 준비하기 어렵다.

창업자들은 권력의 누수를 매우 싫어한다. 선불리 하면 큰 혼란만 생기기 때문이다. 중국 역사를 보면 황태자가 역모를 꾸미다가 죽임을 당한 희생자가 많다. 순조로운 승계를 하려면 물려주는 권력자가 잘해야 한다. 우선 물려주기 위하여 권력을 나눈다는 생각을 갖고 그런 준비를 해야 한다. 가장 중요한 것은 후계자를 잘 선택한 후에 훈련시키는 것이다.

조조는 절대 정에 치우치지 않고 냉정히 선택한 후 후계자를 단련시켰다. 죽기 9년 전에 아들 조비를 부승상 겸 오관중랑장으로 삼아 후계 구도를 가시화했다. 오관중랑장은 황궁 경호와 상벌을

관장하는 자리였다. 또 파격적으로 조비에게 관서를 설립할 권한을 주어 밑에 많은 인재를 두고 부릴 수 있도록 했다. 조조왕조가 대대손손 계속 된다는 것을 천하에 알리기 위해 황제의 권한을 차츰 줄여서 조비가 대신했다. 뿐만 아니라 많은 신하를 불러 조비를 돕도록 했다. 조조가 조비에게 남긴 유산 중 가장 값진 것은 인재풀이었다.

조조에 비해 유비나 손권은 말년에 균형을 잃어버리고 후계자 구도 마련에 실패했다. 아무리 훌륭한 경영자라도 말년에 총명함을 잃어 엉뚱한 짓을 하여 기업을 위기로 몰고 가는 경영자가 많다.

후계 구도에 실패한 헨리 포드

20세기 가장 위대한 경영자로 꼽히는 포드 자동차의 헨리 포드는 말년에 여러 가지 실수를 저질렀다. 아들에게 사장직을 물려주고도 권한을 주지 않고 호되게 대하는 바람에 아들이 번민하다가 일찍 죽었다. 포드 1세는 정치에 가담하여 히틀러를 찬양하고 유대인을 배척했으며, 상원의원에 출마하여 낙선되기도 했다. 말년에 갱들을 동원하여 노조를 무자비하게 탄압했다. 경영주

가 정신을 차리지 못하니 기업이 엉망일 수밖에 없었다. 당시 제2
차 대전을 치르고 있던 미국은 군수수송업체인 포드가 망하는 것
을 볼 수 없어 포드의 손자 헨리 포드 2세를 조기 제대시켜 회사를
정비하도록 했다. 포드 2세는 담판하는 식으로 하여 할아버지를
회사에서 손을 떼게 하고 전반적인 개혁을 하여 빈사상태인 회사
를 살려냈다.

훌륭한 2인자를 맞이하는 방법,
유비로부터 배우자

▶▶▶

　유비는 전문경영인이라기보다 오너형이다. 그릇이 크기 때문에 깊이를 짐작할 수 없다. 그리하여 많은 사람들이 오해를 많이 했다. 그러나 영웅은 영웅을 알아본다는 말처럼 조조는 유비가 큰 그릇임을 알아차렸다.

　유비의 제갈공명 영입은 역사상 가장 성공적인 스카우트이기도 하다. CEO가 성공하려면 2인자를 잘 만나야 한다. 훌륭하면서도 일인자가 될 욕심이 없는 2인자를 맞아 잘 쓰는 것은 위대한 CEO의 안목이며 복이다. 삼국시대엔 위나라 조조의 순욱이나 오나라 손권의 노숙이 2인자 역할을 했으나 능력 면에서나 주인에 대한 충성도 면에서 제갈공명이 단연 뛰어나다.

공명을 찾아갔을 때 유비는 형주목荊州牧에게 얹혀 지내는 처지였다. 전국적으로 이름은 알려졌으나 근거도 없고, 힘도 없었다. 유비 자신이 이미 47세의 장년에 달해 뜻만 높을 뿐 어떻게 해볼 방법도 없어서 그저 초조하게 지낼 뿐이었다. 이때 사마휘를 만나 자신의 고달픈 처지를 하소연하면서 도와달라고 청하자 자신은 그럴 능력이 되지 못한다고 하면서 봉추와 공명을 추천했다.

당시 형주에는 전란을 피해 온 명사들이 많았는데, 그중에 공명도 어릴 때 형주로 와서 양양 부근 융중에서 농사를 지으며 공부를 하고 있었다. 그는 공부를 위한 공부가 아니라 국가 경영과 치세에 대한 공부를 하고 있었다.

이때 유비는 서서라는 인물을 만났으며, 서서는 유비가 큰 인물임을 알고 돕다가 어머니가 조조에게 잡혔다는 말을 듣고 떠나면서 공명을 천거했다. 서서로부터 유비가 직접 모시러 가는 것이 예의라는 말을 듣고 자신보다 20세나 어린 백년 선생을 찾아 2번이나 갔으나 공명은 움직이지 않았다. 공명이 거주하고 있던 양양은 유비가 살고 있던 신야에선 약 200리 길이었다. 눈보라 치는 매서운 추위에 찾아갔다가 만나지 못하자 꽃이 피는 봄에 다시 찾아간 것이다. 게다가 관우와 장비의 불평불만을 뿌리치고 찾아간 유비의 정성 때문에 공명이 허락했는지도 모른다.

3번이나 찾아가자 그때야 공명을 만난 유비는 자신의 꿈과 포부를 이야기하고 도와줄 것을 간청한다. 유비의 정성에 감동한 공명은 자기 나름대로 품고 있던 시국관을 말한다. 그 유명한 천하삼분지계를 말한 것이다. 공명으로부터 탁월한 전략을 들은 유비는 불쌍한 백성들을 누가 돌보겠느냐는 명분을 내세우면서 눈물을 흘리며 간청한다. 드디어 공명의 마음이 흔들리면서 유비와 함께할 생각을 한다. 드디어 유비는 제갈공명이라는 당시 최고의 인재이자 가장 충성스러운 2인자를 얻게 되는 큰일을 하게 된 것이다.

정성을 다해 모리타를 영입한 소니의 이부카 마사루

기업도 마찬가지다. 능력이 탁월하면서도 자신의 자리를 넘보지 않는 2인자가 필요하다.

일본의 소니는 천재 기술자 이부카 마사루와 판매 관리통 모리타 아키오의 합작품이다. 이부카는 자기보다 13세나 어린 모리타를 영입하기 위해 유비 못지않은 예의와 정성을 들인다.

모리타의 아버지는 당시 300년이나 되는 시골 명문 양조장을 운영하고 있었다. 모리타는 아버지의 승인이 있어야 움직일 수 있었다. 그것을 안 이부카는 도쿄에서 야간열차를 타고 나고야 부근 모리타의 고향까지 찾아가서 간곡한 청을 넣는다. 모리타의 부친 은 시골까지 찾아온 이부카의 정성에 감복하여 모리타가 소니와 함께 일할 것을 허락했을 뿐만 아니라 자금출자까지 한다. 이렇게 해서 소니는 출범했고, 천재 기술자인 이부카가 열심히 만들고 모 리타는 그것을 전 세계에 팔아 소니의 성공신화를 창조한 것이다. 위대한 경영자는 자기 스스로 바쁘게 일하는 것이 아니라 좋은 사 람을 찾아 일을 맡기는 것이다.

유비와 공명을 통해
공동경영의 지혜를 배우다

▶▶▶

그런데 조직이 어느 정도 틀이 잡히고 발전하면 권력 집중 현상
이 나타난다. 그러면 일인자는 불편해지고, 일인자의 측근에서 2
인자를 몰아내려는 작업이 시작된다. 힘 있는 2인자가 있으면 권
력을 나누어야 하는데 그걸 일인자가 좋아하지 않기 때문이다. 그
과정에서 2인자가 추방당하거나 몰락하는 경우가 생긴다. 창업자
오너 중에는 고생은 함께해도 영화는 나누어 줄 수 없다고 생각하
는 사람들이 많다.

공명은 27세에 유비 진영에 합세하여 54세로 오장원에서 병사
하기까지 27년을 유비와 그 아들을 위해 충성을 다했다. 유비가

63세로 죽기까지 공명과 함께했는데, 두 사람의 의견이 늘 일치한 것만은 아니었다. 그러나 유비는 변함없이 공명을 존중하고 중요시했다. 창업자 오너는 싫증을 내어 2인자를 오래 두지 않는다. 유비가 공명을 16년간이나 중용했는데, 그것은 공명의 탁월한 능력도 그 원인이지만 유비의 통 큰 마음과 공명에 대한 신뢰가 없었으면 불가능한 일이다. 유비는 유비대로 공명을 정성스럽게 대하며 의존했고, 공명은 공명대로 지극정성으로 충성을 다했다. 공명처럼 능력이 탁월하면서도 충성스러운 2인자를 맞이한 것은 유비의 큰 행운이다. 공명은 2인자 자리에 만족하면서 일인자가 될 욕심은 전혀 없었다.

유비는 공명을 얻음으로써 국가 통치에 절대적으로 필요한 명사와 지식인들의 협조를 얻을 수 있는 통로를 마련했다. 이들이 천하의 여론을 형성하며, 그 여론에 따라 명사들이 움직였다. 공명이 유비를 위해서 처음으로 한 것은 좋은 인재를 모으는 일이었다.

유비의 신하들은 세 그룹으로 분류할 수 있는데, 첫 번째 그룹은 창업 당시부터 따라다닌 창업 멤버들이고, 두 번째가 형주에서 모인 전문가 명사 그룹, 세 번째 그룹이 익주에 들어간 후 참가한 익주 그룹이다. 형주에서 처음으로 명사와 지식인들이 참여했는데, 이들은 후에 익주에 들어가서 촉나라 핵심 인물이 된다. 형주 그룹은 공명이 대표적인 인물이고, 방통, 장완, 위연, 마량 형제,

이적 등이 있다. 이들이 참여하는 데엔 공명의 역할이 컸다.

유비는 사람을 보는 눈이 공명과는 약간 달랐지만 공명에게 전폭적으로 위임했다. 이 점이 유비의 위대한 점이다. 공명은 학자 출신이고, 빈틈없는 이론가이므로 그런 인물을 선호했다. 그러나 나라를 경영하려면 다양한 인재가 필요했다. 그 다양한 인재를 모으는 데에는 유비가 큰 역할을 했다. 유비가 후덕하고 넓은 마음 씨를 가졌으므로 큰 인품에 반하여 개성 있는 사람들이 모여들었다. 유비와 공명이 서로의 취약점을 보완한 것이다.

정치에서나 기업에서 창업자는 대개 개성이 강하고 추진력이 강하다. 그런 강한 에너지가 없으면 창업을 하지 못한다. 그러나 회사를 경영하는 데에는 합리적이고 치밀한 사람이 필요하다. 그 역할을 2인자가 해준다.

위대한 창업자와 충실한 2인자의 합작품

일본 혼다자동차의 창업자 혼다 소이치로는 창업한 지 1년밖에 되지 않은 시점에서 기술력에는 자신이 있었지만 유능한 경영자가 필요했다. 그때 후지사와 다케오라는 인물을 만나게 되고 "세계 최고의 기업을 만들겠다"는 포부로 뭉친다. 혼다 소이치로는 전문경영인으로서 후지사와에게 모든 권한을 위임하고 25년간 동고동락하며 혼다를 키우게 된다.

마이크로소프트사도 빌 게이츠와 스티브 발머의 합작품이라고 볼 수 있다. 기업이 어느 정도 크면 이런 콤비 경영이 절대적으로 필요하다. 이 기업들은 모두 창업자 오너와 2인자가 기막히게 궁합이 잘 맞아 서로 상승효과를 냈다는 점이 공통적이다.

한국의 기업들은 거의 수직적 상하관계가 형성되어 있다. 그럼에도 불구하고 창업자와 2인자의 관계가 원만하게 이루어져 기업을 잘 운영한 경우가 있다. 그중에서 SK그룹의 최종현 회장과 손길승 사장의 관계를 들 수 있다. 최 회장은 늘 "손 사장은 나의 사업 동지"라는 말을 하면서 손 사장을 전폭적으로 지지하여 오너 버금가는 권한을 주었다. 손 사장도 피고용인이 아니라 주인의식을 가지고 기업을 위해서 열심히 일했다.

후계자가 지켜야 할 덕목,
『삼국지』에서 배우자

▶▶▶

유비가 그 유명한 이릉 대전에서 패하여 당분간 재기할 수 없을 정도로 치명상을 입고 그 충격으로 병에 걸려 눕는다. 병환이 점점 깊어지자 자신의 수명이 얼마 남지 않은 것을 안 유비는 승상 제갈공명과 상서령 이엄을 백제성으로 부른다.

"내가 승상을 만나 제업을 이루었으나 마지막에 승상의 말을 듣지 않다가 이 같은 낭패를 보게 되었소. 후회막급이나 내 목숨이 얼마 남지 않은 것 같으니 마지막 부탁을 하겠소. 내 자식이 미흡하나 승상이 잘 지도해 주시오."

그러고는 공명을 가까이 오라 하고 등을 어루만지면서 "내 아들이 도울만 하면 돕고 그렇지 않으면 승상이 촉의 주인이 되어 큰일을 이루라"고 말한다. 공명은 당황하여 유비 앞에 엎드려 충성을 맹세한다. 유비의 그 말이 어떤 말보다 공명으로 하여금 충성하게 만들었을 것이다. 유비는 임종에 즈음하여 아들에게 유언을 남긴다. 자신을 반성하고 아들을 걱정하는 아버지의 자상함이 그대로 묻어있다.

"인생은 50이면 짧다고 할 수 없는데 60을 넘기고도 몇 년을 더 살았으니 후회도 한도 없다. 한 가지 마음에 걸리는 것은 어린 너의 형제들이다. 신하들은 황태자의 재능이 뛰어나다고 하는데 그게 사실이면 그보다 다행은 없다. 중요한 것은 노력이다. 악행은 아무리 작아도 저질러서는 안 되고, 선행은 아무리 작아도 게을리 해서는 안 된다. 사람을 움직이려면 현명한 덕이 있어야 한다. 나는 부족했다. 본받아서는 안 된다. 한서漢書, 예기禮記, 제자백가諸子百家 같은 옛글을 부지런히 익혀 본받도록 하라. 더욱 노력해 힘쓰기를 간곡히 당부한다."

유비는 두 아들을 불러 공명에게 절을 하게 하고 "너희 형제는 앞으로 승상을 아버지처럼 모시면서 지도를 받으라"고 당부한다. 그러고는 63세의 나이로 이 세상을 하직하고 말았다. 유비의 아들 유선은 유비 사후 40년간 황제의 자리에서 나라를 보전했다. 공명을 아버지처럼 모시고 모든 것을 상의하라는 유비의 간곡한 당부를 충실히 지킨 덕분이다. 그는 나이가 들어서도 분수를 지키며 결코 황제의 행사를 하지 않았다.

오너 2세들의
실패 요인

기업에서도 비슷한 일이 일어난다. 기업이 성장하고 유지되려면 후계 구도가 좋아야 하는데 대부분의 창업주들은 그런 일에 소홀히 한다. 젊어서 기업을 계승하면 처음에는 원로들의 말을 잘 듣다가 나이가 들면 스스로의 포부를 펴려고 한다. 2세 측근들이 그것을 은근히 부추긴다. '제2의 창업', '개혁 원년' 같은 구호가 나붙고 대대적인 2세 띄우기가 시작된다. 그런 도전이 성공한 경우도 있지만, 실패하는 경우가 더 많다.

2세들은 대개 창업주 1세를 뛰어넘어 자신의 능력을 증명하려고 한다. 그래서 새 사업을 일으킨다. 외환위기 이후 많은 기업들이 도산했는데 대부분이 2세들이 과욕을 부려서 시작한 사업들 때문인 경우가 많다. 젊은 2세들은 기업 경영의 어려운 점을 모른다. 성공의 길이 빤히 보이는 것 같지만 마음대로 되지 않는 것이 기업 경영이다.

2세들이 기업을 맡아서 가장 많이 실수하는 것이 인간관계다. 2세들은 대부분 창업주가 성공해서 권위를 갖추고 황제들처럼 행동하던 모습에 익숙하여 그 흉내를 내려고 한다. 사람과 시대가 바뀐 것을 모르는 것이다. 창업주들은 그렇게 되기까지 많은 고난의 세월을 겪고 성공해 살아남은 것이다. 그만큼 카리스마도 있게 마련이다. 그들은 사업을 할 때는 냉정하지만 그런 대로 인정은 있었다.

그런데 2세는 금전적 대우와 효율성으로 사람을 부리려고 한다. 그래서 충성을 보이는 심복들이 없다. 유능한 인재들이 마음으로 복종하면서 최선을 다하여 노력하지 않으면 기업이 발전하기 어렵다. 2세들은 그것을 모르고 있는 것이다.

유방으로부터 부하 관리의
지혜를 배우자

▶▶▶

진나라가 망하자 항우는 서초폐왕이라 칭하고, 유방은 항우로
부터 한왕漢王으로 봉해진다. 그때부터 유방은 4년간에 걸쳐서 항
우와의 전쟁을 치른다. 유방은 소하, 한신, 장양과 같은 신하의 도
움으로 패하의 결전에서 항우를 대파하여 천하통일의 대업을 이
룩했다. 이 두 라이벌은 능력 면에서 비교해 보면 압도적으로 항
우가 그 위이고 유방은 항우의 발밑에도 못 미친다. 그런데 유방
이 승리를 하게 된 것은 부하들을 잘 통솔하고 관리했기 때문이
다. 유방은 서민 출신이었으나 성격이 대담 치밀하고 포용력이 있
어, 부하를 적재적소에 활용하는 데에 능숙했다.

유방이 부하를 관리하는 데에는 2가지 특징이 있었다. 하나는 부하의 의견을 잘 들었다는 것이고, 또 하나는 성공했을 때 그에 따르는 보수를 후하게 주었다는 것이다. 그리하여 유방의 부하들은 항상 의욕에 차 있었다. 말하자면 유방은 포용력에 의하여 역전 승리를 거두었던 것이다. 유방뿐만이 아니라 유명한 리더들은 거의 부하를 아낄 줄 아는 지도자였다.

한漢대에 이광이라는 장군이 있었다. 그는 승리하여 왕으로부터 받은 하사품을 몽땅 그대로 부하들에게 나누어 주었고, 식사도 늘 부하와 같은 것으로 했다. 또한 행군 중에 목이 말라 허덕이다가 우물을 발견하면 항상 먼저 부하들에게 마시게 하고 부하들이 다 마시기 전까지는 절대로 마시려 하지 않았다. 그리고 식량도 부하들에게 나누어 주기 전에는 먼저 손을 대지 않았다. 부하들에 대한 배려가 그들로 하여금 분발하는 마음을 갖게 했으며, 부하들은 상사를 존경하고 죽기까지 충성했다.

인재를 회사의 운명을 좌우하는 중요한 이슈로 여기는 구글

구글 초기 설립자들은 '인재를 회사의 운명을 좌우하는

중요한 이슈'로 여긴다는 점을 분명히 밝혔다. 그래서 그들은 세계 최고의 연구자, 프로그래머, 마케터들이 구글에서 일해야 하는 10가지 이유를 발표했다. 그러면서 스톡옵션이나 보너스 등은 전혀 언급하지 않았다.

그중에서 첫 번째 이유는 "위대한 삶을 살기 위해 필요한 정보를 많은 사람들에게 제공한다"는 것이고, 두 번째는 "인생은 아름답기에 중요한 조직의 일원이 되어 신념을 가지고 일할 수 있는 작업에 전념하면 커다란 성취감을 느낄 것이기 때문"이라는 이유를 들었다. 세 번째는 "감사는 최고의 동기부여이기에 직원들에게 감사하는 마음으로 적극 지원하기 때문"이라고 밝혔다. 네 번째 이유는 "놀이와 일이 별개가 아니다", 다섯 번째 이유는 "회사가 직원을 사랑하고 모두가 이런 사실을 알게 되길 바라기 때문", 여섯 번째 이유는 "구글이 정보 처리 분야에서 최고를 지향하고 있기 때문", 그리고 일곱 번째는 "구글은 좋은 사람들로 가득하다. 전직 신경과 의사, CEO, 전미 퍼즐 챔피언, 악어 씨름꾼, 전직 해병대원 등 다양하다"는 이유였다. 여덟 번째는 "구글이 모든 국가와 모든 언어를 지원한다는 점"이고, 아홉 번째 이유는 "아무도 가보지 않는 길을 대담하게 가자. 세상에는 아무도 풀지 못한 도전 과제들이 수백 개나 놓여 있으니 그걸 푸는 데 당신의 아이디어가 필요하다. 당신의 아이디어는 개발해낼 가치가 있다"는 점을 들었다. 마지막으로는 "구글의 식당에는 최고의 요리사가 있고, 그 밥을 공짜로 먹을 수 있는 선물이 매일 존재하기 때문"이라고 했다.

인재양성의 지혜,
인문학에서 익히자

▶▶▶

중국 제나라 환공의 참모 관중은 천하를 얻는 방법과 인재 양성의 중요성에 대해서 환공에게 다음과 같이 진언했다.

"천하를 얻으려면 먼저 인재를 얻어야 합니다. 그러기 위해서는 군주에게 대국을 경영할 기량이 갖추어져 있어야 합니다. 천하에 인재가 없음을 걱정하지 말고, 인재를 적절히 쓰는 군주가 없는 것을 걱정해야 합니다. 일 년의 계획은 곡식에 있고, 십 년의 계획은 나무를 심는 것이 좋고, 백 년의 계획은 인재를 양성하는 것이 좋습니다. 또한 천하의 재물이 모자람을 걱정하지 마시고 재물을 분배할 인재가 없음을 걱정해야 합니다."

그러고 나서 관중은 "군자를 대하지 않는 일이 있을지라도 소인을 과대평가하는 것보다 낫다"며 인사 관리에 대한 대원칙을 제시하고, 인재 등용 시 유의해야 할 사항 3가지를 제시했다.

"진정한 인재는 지위에 어울리는 덕, 봉록에 어울리는 공적, 관직에 어울리는 능력을 지니고 있어야 한다. 이 3가지 기본 사항을 그르치면 사악한 자가 날뛰게 되고, 아첨하는 무리가 위세를 부리게 될 것이다."

어느 날 환공과 관중은 나라를 멸망시킨 '군주의 과오'에 대해서 토론을 한 일이 있었다.

"지난날 나라를 멸망시키게 한 군주는 어떤 과오를 범했소?"

그러자 관중은 다음의 3가지를 들었다.

"첫째, 영토와 재물을 얻는 데 몰두하고 다른 나라들의 지지를 얻으려고 하지 않은 것 둘째, 세금을 거둬들이기만 하고 백성들의 지지를 얻으려고 하지 않는 것 셋째, 사람들의 관심을 사려고만 하고 미움 받고 있다는 것을 깨닫지 못하는 것. 과오는 이 3가지입니다. 이 중 1가지를 범해도 영토를 잃을 만큼 손해를 보겠지만 3가지 모두를 잃으면 나라를 멸망하게 하고 맙니다."

신인문학 경영의 지혜

아카데미를 열어
후계자를 기르는 손정의

  일본 소프트뱅크의 창업자 손정의는 독서광으로 유명하다. 그는 1983년 봄에 만성간염으로 병원에 입원하여 1986년 5월 퇴원해 경영에 복귀할 때까지 무려 4,000여 권이나 되는 책을 읽었다. 그리고 병상에 있을 때 퇴원하여 다시 경영에 복귀하면 후계자들을 교육시킬 수 있는 학원 같은 것을 마련하겠다고 약속했다. 그는 자신이 약속한 대로 후계자를 기르는 일에 몰두하고 있다. 얼마 전 문을 연 '소프트뱅크 아카데미'는 미래를 그려갈 후계자를 양성하는 곳이다. 보통 기업에서 시행하는 사원교육과는 차원이 다르다. 이곳에서는 무려 100대 1의 경쟁을 뚫고 입학한 패기 만만한 젊은이들에게 말 그대로 CEO가 되기 위한 실전 교육을 실시하고 있다.

  수강생은 '내가 소프트뱅크 CEO라면 어떻게 할 것인가?'를 항상 생각하도록 훈련을 받는다. 30년 뒤 소프트뱅크를 지금의 100배 이상으로 크게 발전시키려면 보통의 생각으로는 불가능하다는 것이 손정의의 생각이다. 오로지 남다른 교육만으로 가능하다고 생각하는 것이다. 그의 마지막 소원은 회장이나 사장으로 불리다가 죽는 것이 아니라 '교장'으로 불리다가 죽는 것이라고 한다.

동기부여의 지혜,
나폴레옹 1세로부터 듣는다

▶▶▶

1976년 4월 나폴레옹 1세는 조세핀과의 결혼 이튿날 전투 지휘를 하기 위해 이탈리아로 갔다. 현지에 도착해보니 병사들의 사기는 바닥이었고, 기본적인 식량마저 제대로 공급받지 못하는 형편이었다. 이런 상황에서 26세의 나이 어린 나폴레옹은 군사를 지휘하기 어려웠다.

5월 10일 프랑스군은 오스트리아군이 점령한 로디 다리 탈환 작전을 개시했다. 그런데 완벽한 방어태세를 갖춘 오스트리아군을 대하자 프랑스군은 겁에 질렸다. 특단의 조치가 필요한 순간 나폴레옹은 병사들을 모아놓고 연설을 시작했다.

"정부는 제군들에게 많은 빚을 졌으나 아무것도 해줄 수 없는 상황이다. 제군들은 목숨을 걸고 전투에 임했으나 아무것도 얻은 것이 없다. 그러나 지금 내가 제군들을 지구상에서 가장 비옥한 평야로 안내하겠다. 이 풍요로운 도시는 바로 제군들의 것이다. 그곳에서 제군들은 명예와 부를 발견하라!"

나폴레옹은 "공화국 만세!"를 외친 뒤 적진을 향해 달려갔다. 나폴레옹은 목숨을 걸고 적진에서 군사들을 독려했다. 병사들은 가장 위험한 최전선에서 목숨을 걸고 독려하는 나폴레옹을 보고 사기를 회복했다. 그리하여 두려움 없이 전면 공격에 나섰다. 그리하여 마침내 프랑스군은 오스트리아군을 물리치고 로디 다리를 탈환했고, 이후 12개월 동안 벌어진 12번의 전투에서 모두 승리했다. 나폴레옹은 병사들의 사기를 진작시키기 위하여 다양한 포상제도를 활용했다. 나폴레옹은 전선 후위에서 전투를 독려한 일개 나팔수에게도 남작 작위를 내려 부하들을 놀라게 했고, 병사들이 목숨을 걸고 자신을 따르고 복종하도록 했다.

프랑스 최고 훈장인 '레종 도뇌르' 훈장도 나폴레옹이 만들었다. 그는 금전적 보상뿐만 아니라 명예욕을 충족시키는 것이 사기를 높이는 훌륭한 방법임을 알았다. 값싼 장식품에 지나지 않는 훈장이 결국 목숨을 걸고 싸우게 하는 동기가 되는 것을 알았다. 나폴레옹 이후로 다른 나라에서도 나폴레옹을 본떠서 이런 훈장

제도를 도입했다.

　나폴레옹은 부하들이 기대에 못 미쳤을 때는 공개적으로 질타를 했고, 기대 이상으로 잘했을 경우에는 각종 포상과 기념행사를 아끼지 않았다. 나폴레옹은 부하에게 동기부여를 하여 통솔할 줄 아는 최고의 지도자였다.

부하 직원들을 부자로 만들어주는 빌 게이츠

　오늘날 많은 기업가들이 부하들에게 연봉상승이나 보너스 등과 같은 물질적 보상으로 동기를 부여하여 회사를 위해 열심히 일하도록 독려하고 있다. 그중에서 마이크로소프트 사장 빌 게이츠는 특이한 방법으로 직원들의 사기를 진작시킨다.

　그는 부자가 된 후에도 햄버거로 끼니를 해결하며 열심히 일에 매달리고, 사업상 여행에서 개인용 비행기를 애용하기도 하지만 되도록 일반 비행기의 일반석을 타곤 한다. 그리고 그 비용은 절대로 회사에 청구하지 않는다. 빌 게이츠가 세계 최고의 부자가 된 후에는 회사에서 열심히 일하는 직원들을 부자로 만들어 주었다. 1997년 빌 게이츠는 마이크로소프트사 직원들에게 다음과 같은 제안을 했다.

"나는 여러분의 업무 성과에 따라 회사 주식을 배분해주겠다는 약속을 드립니다. 앞으로 마이크로소프트사에서는 열심히 일하고 눈에 보이는 실적을 올린 직원은 누구나 부자가 될 수 있습니다. 자신이 하는 일에 관해서는 자신이 사장이라는 인식을 해주길 바랍니다. 나는 여러분이 일한 만큼 대우를 해주는 것이야말로 가장 공평하고 합리적인 경영이라고 믿습니다."

그때부터 마이크로소프트사의 직원들은 더욱 일벌레가 되어서 일하기 시작했다. 일주일에 80시간 이상 일에 파묻혀 사는 직원도 있었다. 하지만 그들은 자신이 맡은 프로젝트를 누구의 간섭도 받지 않고 진행한다. 그들이 다른 회사보다 많은 급여를 받는 것은 아니다. 그러나 마이크로소프트사 직원들 중에서 빌 게이츠로부터 주식을 배당받아 부자가 된 사람은 무려 1만 명이 넘는다.

최악의

경우를

가정하라

Chapter 4

위기 극복의 지혜,

인문학이 가르친다

CEO는 항상 최악의 경우를 가정해서 사업 계획을 세우고 조직을 정비해야 한다. 자금에 여력이 생길 때 무조건 확장할 것이 아니라 효율성을 높이는 시스템 구축에 투자하는 등 환경변화에 대응하는 능력을 높여야 한다. 위기관리를 통해 재정비된 기업은 경기 침체나 어려움에도 살아남을 수 있는 능력을 갖출 수 있다.

니세르로부터 위기를 대비한
준비의 지혜를 배운다

▶▶▶

1956년 7월, 이집트의 지도자 니세르는 수에즈 운하 국유화 결정을 내렸다. 전 세계가 깜짝 놀랐다. 예상치도 못한 결정이었기 때문이다. 당시 상황으로서는 도저히 상상도 못할 결정이었다.

강대국인 영국과 프랑스와의 전쟁도 불사하겠다는 각오가 아니면 도저히 그런 결정을 할 수 없었다. 예상한 대로 영국과 프랑스는 즉각 반발했으며, 더 나아가서 이집트와 적대관계에 있는 이스라엘과 손잡고 이집트를 침공하기로 결정했다. 그뿐만 아니다. 수에즈 운하 국유화를 발표하기 5일 전 미국은 이스완 댐에 영국과 함께 7억 2천만 달러를 지원하기로 한 결정을 전격 취소한다.

다음 날 영국도 미국과 동조하여 지원을 전격 취소했다. 니세르는 최대 위기에 봉착했다.

영국은 식민지였던 이집트가 강경책으로 나오는 것을 용납할 수 없었다. 국익을 떠나서 나라의 자존심이 걸린 문제였다. 그리하여 프랑스와 이스라엘을 자기편으로 끌어들여 전쟁을 일으켰다. 1956년 10월 29일 영국의 전폭적인 지원을 얻은 이스라엘은 시나이 반도를 침공했다. 시나이 반도는 이스라엘에 점령당했고, 이집트 공군은 영국과 프랑스의 폭격으로 궤멸당했다. 11월 5일에는 공수부대와 해군을 동원하여 운하를 접수하려는 작전이 펼쳐졌다. 상황은 절망적으로 보였다. 그러나 니세르는 위기 앞에 결코 두려워하지 않았다. 그것은 미리 예상하고 대비했기 때문이다. 준비한 자에게 위기는 곧 기회가 되는 법이다.

영국과 프랑스는 국제 여론을 간과한 것이다. 강대국이 어떤 뚜렷한 명분 없이 약소국가의 영토를 침범하는 일은 당시 국제 여론이 용납하지 않은 것이다. 유엔은 임시 총회를 열어 침략군의 즉각적인 철수와 유엔군 파견을 결의했다. 뜻밖에 전 세계 여론이 자신들을 비난하자 영국과 프랑스는 난처해졌다. 게다가 믿었던 미국 또한 소련과 마찬가지로 비난하고 나서자 영국과 프랑스뿐만 아니라 7일 만에 시나이 반도를 점령하여 의기양양하던 이스라엘도 당황하기 시작했다. 게다가 이스라엘이 절대적으로 의존하고 있는 미국이 세계 여론에 등을 돌리자 더욱 난처한 위치에 놓였다. 미국의 지원을 잃은 것은 종전이나 마찬가지였다. 마침내 영국과 프랑스는 미국 대통령 아이젠하워의 권고를 받아들여 11월 6일 전쟁 중지를 선언했다.

종전 후 후속 조치가 하나하나 취해졌다. 이스라엘은 시나이 반도를 이집트에게 돌려주고 영국과 프랑스는 자기의 군대를 철수시켰다. 수에즈 운하는 선박을 자유롭게 한다는 조건으로 이집트가 관리하게 되었다. 니세르는 수에즈 운하 국유화를 선언하면서 전쟁 발발이라는 최악의 상황을 가정하고 미리 외교전을 벌이는 대책을 세웠던 것이다. 위기를 극복하기 위한 만반의 준비를 한 것이다. 결과적으로 패전국이나 다름없는 이집트가 외교에 성공하여 승전국이 된 것이다. 영국과 프랑스 그리고 이스라엘은 전투에서는 이겼으나 패배한 것이나 마찬가지였다. 그것은 위험을 미리 예상하고 준비한 니세르의 통찰력 덕분이다.

최악의 경우를 가정해서 사업 계획을 세운다

최악을 우려하는 것과 최악을 가정하는 것은 다르다. 우리는 걱정하면서 최악의 상황이 현실적으로 일어나기를 바라지 않는 심리가 있지만, 최악을 가정한다는 것은 현실적 가능성을 상정하고 대책을 마련해 둔다는 점에서 차이가 있다. 특히 위급이라고 부르는 긴급 상황은 평상시의 연장선이 아니라 현실의 단절점에서 발생한다. 예기치 않은 사고, 갈등으로 사업의 근거가 되는 기본 전체를 무너뜨리기 때문이다.

경제는 일정한 주기로 예기치 않은 변수가 일시에 일어난다. 2008년 기업들을 어려움에 몰아넣은 환율변동이 그 대표적인 예다. 지난 10년 동안의 원화 상승과 최근의 환율 안정은 불과 10년 전의 환율 급변과 대비되는데, 예측 가능한 미래에는 환율 급변이 없다는 전제가 많은 기업을 유동성 위기에 몰아넣은 것이다.

CEO는 항상 최악의 경우를 가정해서 사업 계획을 세우고 조직을 정비해야 한다. 자금에 여력이 생길 때 무조건 확장할 것이 아니라 효율성을 높이는 시스템 구축에 투자하는 등 환경변화에 대응하는 능력을 높여야 한다. 위기관리를 통해 재정비된 기업은 경기 침체나 어려움에도 살아남을 수 있는 능력을 갖출 수 있다.

전쟁 발발을 가정한
외교정책으로 나라를 지킨 광해

▶▶▶

1502년 임진왜란 발발 후 서자에 책봉된 광해군은 전쟁 기간 중 전국 각지를 돌며 군량, 병기조달, 군사모집 활동을 적극적으로 전개했다. 군사, 외교적 식견을 쌓은 그는 여진족이 장차 커다란 위협이 될 것으로 예견했다.

1616년 누르하치가 후금을 세우고 재위에 오르자 광해군은 치밀한 대책을 세웠다. 먼저 척후병과 스파이를 활용해 누르하치의 동향과 여진 각 부족의 움직임을 체크했다. 조선은 기밀이 세어나가지 않도록 보안을 강화하는 동시에 귀환한 여진어 역관 하세국을 등용해 상대방을 안심시키는 유화책을 펼쳤고, 정확한 정보 수

집능력을 높였다. 또한 최악의 경우 전쟁에 대비해 군사력을 강화하고 화포 제작에도 힘썼다.

명과 청 사이에서 국익을 위한 실용정책을 편 광해군은 후금 공격에 나선 명이 파병을 요청하자 신하들의 파병 동의에 쉽게 응하지 않았다. 그는 정보를 통해서 명이 얼마 가지 않아 망할 것을 예측하고 있었기 때문이다. 그러나 명의 강력한 요청에 어쩔 수 없이 강홍집을 도원수로 삼아 1만 3천 명의 군사를 파견하면서 강홍집에게 후금을 적대하지 말고 형세를 보아 향배를 결정하라고 했다. 결국 강홍집이 후금에게 투항하자 강홍집의 가족들을 처단하라는 신료들의 요청을 거절하고 서울로 불러들여 살게 했으며 강홍집을 통해서 후금의 내부 자료를 획득해나갔다.

그 후에도 명나라에서 지원군 파병을 요청했으나 여러 가지 핑계를 대고 거절했다. 조선의 태도에 만족한 후금은 외교관계를 맺자고 제안했다. 광해군은 신료들의 반대를 무릅쓰고 국서를 보내어 후급과의 관계 개선을 본격화했다. 이 모두가 광해군이 최악의 상황까지 가정해 현실적인 외교를 편 것이다. 그 결과 광해군 재위 시에는 전쟁이 발발하지 않았으나 광해군이 폐위되고 인조가 들어서자 결국 정묘호란과 병자호란이 발발하여 이조 역사상 가장 치욕적인 일을 당하고 만다.

시나리오
경영

　　시나리오 경영이란 위기상황을 대비해 가상의 시나리오를 만듦으로써 불확실한 미래에 대처해 나가는 경영기법을 말한다. 한마디로 위기를 예비해 준비하는 경영 기법이다. 이러한 시나리오 기법을 경영에 최초로 사용한 기업은 정유회사 쉘이다.

　쉘은 1960년대 75년 이상 생존한 기업들의 경쟁력을 검토한 결과, 우량기업 30개 회사는 재난 발생 가능성을 경쟁사들보다 먼저 알아내고 대처한 것에 있다고 결론을 내렸다. 그리하여 쉘은 재난을 가정하고 시나리오를 만들어보았다. 그리고 그 재난을 예고하는 현상들의 목록을 정리하고 실제 환경변화가 비슷하게 진행된다는 가정하에 재난 발생에 대비하는 방식의 시나리오 경영 개념을 창안했다. 시나리오 작성 방식은 미래에 예상되는 최악의 상황을 가정하고 이에 대한 대응책을 마련하는 방식으로 진행되었다. 시나리오 방식에 따라 경영진도 교육을 받았고, 그 방식에 익숙해지도록 모의실험도 실시했다.

　쉘의 시나리오 경영은 1973년 오일쇼크가 터지자 그 진가를 유감없이 발휘했다. 쉘은 OPEC(석유수출국기구)가 곧 정치적 성격을 드러낼 것은 시간문제이며, 각국 석유비축량도 바닥이라는 점을 간파했다. 쉘은 에너지 위기 가능성이 높다고 판단하는 시나리오를 작성했다.

시나리오 핵심은 돌발 변수가 작용해도 유가 안정을 유지하기 위해서는 중동 이외의 지역에서 유전을 발굴해야 하는데, 이것이 불가능하므로 OPEC이 석유를 무기화할 것으로 예측하고 원유비축량을 늘리고 산유국과의 관계를 더욱 긴밀히 유지해 나갔다.

1973년 10월 중동전쟁이 발발하고 오일쇼크가 발생하여 유가는 천정부지로 올랐고, 전 세계 에너지 회사들이 파산했다. 그러나 쉘은 신속하고 체계적인 대응으로 오일쇼크로 세계 7대 정유회사 중 2위에 도약했다. 위기를 성공의 기회로 만든 것이다. 이것은 오로지 만일에 대비해 시나리오를 작성하여 그대로 경영한 결과였다.

선택과 집중으로
위기를 극복하다

▶▶▶

중국 제나라에 맹상군이라는 재상이 있었다. 마음씨가 너그러워 오갈 데 없는 사람들을 거실에 지내게 하고 삼시 세 때 밥을 공짜로 먹여주었다. 그리하여 전국에 가난한 선비들이 많이 몰려와 그 집 사랑채는 사람들이 끊일 날이 없었다.

이 사실을 염문으로 듣게 된 풍환豐驩은 먼 길을 걸어와서 맹상군을 보고 식객이 되기를 청했다. 맹상군이 그의 몰골은 형편없었으나 앞을 내다볼 줄 알고 그릇이 큰 인물임을 알아차리고 후하게 대접했다. 며칠이 지나자 풍환은 감사하게 느끼기는커녕 투정만 일삼았고, 불평불만이 많았다. 그럴 때마다 맹상군은 그의 불만을

다 받아들였으며, 요구사항은 모두 들어 주었다. 그뿐만 아니라 사사건건 시비나 하고 불만불평이나 일삼는 풍환을 3천 명이나 되는 식객 중에서 최고의 식객으로 대우했다.

그렇게 1년이 지난 어느 날 맹상군은 풍환을 불렀다. 그리고 일을 하나 시켰다. 맹상군은 산동성 동남지방 설(薛)에 사는 주민들에게 돈을 빌려주고 이자를 받아왔는데, 주민들이 이자를 제대로 갚지 않아 풍환에게 돈을 받아오도록 한 것이다. 맹상군의 명을 받은 풍환은 우선 그에게 물었다.

"이 돈을 받으면 무엇을 사 올까요?"

"무엇이든지 상관없으니 여기에서 생활하는 데 필요한 것을 사오시오."

설 지역에 당도한 풍환은 그 지역 주민들로부터 밀린 이자 중 10만 전을 받았다. 그는 받은 돈을 주민들에게 되돌려주고 차용증마저 모두 불살라버렸다. 그러고는 이렇게 말했다.

"맹상군이 여러분의 빚 상환 노력을 어여삐 여겨 모든 채무를 면제하라고 하셨습니다."

설 지역에서 받은 돈으로 생필품을 사 올 것으로 기대했던 맹상군은 풍환에게 물었다.

"받은 돈으로 무엇을 샀소?"

그러자 풍환은 이렇게 대답했다.

"지금 세상에는 재물이 있으나 의義가 없습니다. 그래서 저는 이자를 받았으나 모두 되돌려주고 차용증도 모두 불살라버렸습니다. 그러고 나서 돈 주고도 사기 힘든 의리와 은혜를 샀습니다."

맹상군은 조금 언짢았으나 더 이상 풍환을 나무라지 않았다. 그로부터 1년 후 제나라에 새로운 왕 민왕이 들어서자 모함을 받은 맹상군이 재상에서 물러나자 주위에서 당분간 피신할 것을 권유했으나 그를 받아주는 곳이 없었다. 결국 풍환의 권유로 설 지역으로 피신했는데, 설 지역 주민들은 모두 반갑게 맹상군을 맞이하면서 생활에 조금도 불편함이 없도록 모든 편의를 제공해주었다. 그러자 맹상군은 풍환에게 이렇게 말했다.

"선생이 전에 의리와 은혜를 샀다고 한 말을 이제야 깨달았소."

풍환은 재상 맹상군에게 언젠가는 위기가 닥칠 것을 대비하여 선택과 집중으로 준비한 덕분에 맹상군은 죽음을 면할 수 있었던 것이다.

볼보를 버려서 볼보를 구한 요한손 회장

볼보는 스웨덴의 대표 그룹으로, 볼보자동차는 그룹의

자존심이자 스웨덴의 상징이었다. 1999년 볼보가 자동차 사업을 미국 포드에 매각하자 스웨덴은 충격에 빠졌다. 승용차 부분은 볼보 그룹의 매출 절반을 차지할 정도로 주력사업이었다. 그런데 그것을 매각한다고 하니 놀랄 수밖에 없었다. 이런 모험을 감행한 사람은 다름 아닌 라이프 요한손 회장이어서 더 충격이 컸다.

요한손 회장은 볼보가 위치한 예테보리에서 태어나 그곳에서 성장하고 대학을 졸업했다. 그는 10대 때에 그 회사에서 아르바이트를 한 경험도 있으므로 볼보에 대한 애착이 남달랐다. 그러나 그는 글로벌 승용차 산업의 현실을 냉정하게 분석하고 최악을 대비한 최고의 결단을 내린 것이다.

1989년 소련이 붕괴되면서 세계 시장은 글로벌 단일 시장으로 개편되고 있었다. 2000년 초반에는 10여 개의 양산 자동차만 생존 가능할 것이라는 예측이 나오면서 요한손은 볼보 승용차 부분의 입장에서 최악의 상황이 오기 전에 선제적 조치를 취해야 한다고 판단했다. 세계 자동차 시장의 개편을 주도할 만큼 강한 회사도 아닌 입장에서 시기를 놓치면 더 큰 손실이 온다고 판단했다. 대신 트럭, 건설기계, 버스 등 승용차 부분을 제외한 선택과 집중의 전략을 펴기로 했다.

볼보는 승용차 사업 매각 이후 활발한 인수 작업을 통해서 미국의 르노 트럭과 맥 트럭을 인수하여 유럽 최대, 세계 제2의 트럭

메이커로 도약했다. 요한손 회장은 자동차 시장의 개편이 가져올 수 있는 최악의 상황을 가정하고 적절한 조치를 취함으로써 볼보 기업의 위기를 극복할 수 있었던 것이다.

위기 극복의 의지력,
작가 조앤 롤링으로부터 얻자

▶▶▶

조앤 롤링은 1965년 영국 웨일스의 치핑 소드베리에서 태어났다. 어려서부터 상상력이 뛰어났던 그녀는 비교적 평탄한 학창시절을 거쳐 국제사면위원회에서 임시직으로 일하다가 포르투갈로 건너가 그곳에서 영어교사로 일했다. 그러다 포르투갈의 TV 기자와 결혼해 딸을 낳았으나 불행하게도 2년 만에 이혼하고 만다. 이후 4개월 된 어린 딸을 데리고 무일푼으로 영국으로 돌아온 그녀는 친구로부터 600파운드를 빌려 에든버러에 낡은 임대 아파트를 얻어 살았는데, 정부의 보조금 없이는 도저히 버티어 나갈 수 없을 정도로 가난하게 살았다.

가난에 찌든 20대 중반의 싱글맘 조앤 롤링은 자기 인생이 헤어날 수 없을 정도로 망가졌다는 생각에 절망감을 느꼈다. 그리하여 아무리 노력해도 행복해질 수 없다는 생각을 하게 되자 자살하고픈 충동이 생겼다. 그러나 그 순간 어린 딸을 놔두고 도저히 죽을 수 없다는 생각에 독한 마음으로 자신을 추슬렀다.

조앤 롤링은 임대 아파트에서 우울증과 싸우며 오래전 맨체스터에서 런던으로 가던 중 기차 안에서 생각해냈던 해리포터 이야기를 쓰기로 결심했다. 해리포터의 이야기는 부모를 잃은 마법사 소년의 이야기다. 가난을 이기기 위해서 쓴 것이지만 딸에게 동화책 한 권 사줄 수 없는 처지에 이야기라도 들려주자는 생각으로 쓰기 시작했다. 그녀는 우는 아이를 재워두고, 또는 유모차에 태워 카페나 공원에서 글을 쓰기 시작했다. 그리하여 마침내 『해리포터와 마법사 돌』을 완성했다.

조앤 롤링의 해리포터 시리즈는 1997년 6월 26일 출간되자마자 세상을 흔들었다. 그리하여 7부작이 출간될 때마다 대히트를 쳤다. 세계 65개국 이상의 언어로 번역되어 출판되었으며, 영화로도 제작되었다. 그리하여 그녀는 〈포브스〉지 선정 세계 부자 순위 500위 안에 올랐고, 영국 여왕보다 더 큰 부를 누리게 되었다.

그녀는 2008년 6월 5일 미국 하버드 대학교 졸업식 연사로 초빙되어 연설을 했다. 그녀가 대학 졸업식의 연사로 설 수 있었던 것은 해리포터로 대박을 쳐서가 아니라 대학에서 그녀를 '바닥을 쳐서 일어선 의지의 힘' 실현자로 인정했기 때문이다. 조앤 롤링은 졸업축사에서 이렇게 말했다.

"여러분이 하버드 대학 졸업생이라는 사실은 곧 실패에 익숙하지 않다는 사실이기도 합니다. 하지만 성공에 대한 열망만큼 실패에 대한 공포가 여러분의 행동을 좌우할 겁니다. 여러분은 저처럼 큰 실패는 안 하겠지요. 그러나 인생에서 몇 번의 실패는 피할 수 없을 겁니다. 또 실패 없이는 진정한 자신에 대하여, 진정한 친구에 대하여 결코 알 수 없을 겁니다. 이것을 아는 것이 진정한 재능이고, 이것은 어떤 자격증보다 가치가 있습니다."

자살 문턱에서
재기에 성공하다

"하늘이 정말 샛노랗다. 그래서 황천黃天길 간다고 하는구나. 자그마치 22억 원이 날아갔구나. 내 삶의 전부가 중국 현지 법인 관리 부실로 날아가다니. 한국을 대표하는 중장비업체를 만들겠다고 그렇게 노력을 했건만 이제 기다리는 건 죽음뿐이구나. 세계 곳곳의 현장을 누벼야 할 장비와 부품에 붙은 것은 노란 압류장뿐이구나. 매정한 세상은 잔고 한 푼 없는 통장에 딱지를 붙이다니 누구를 원망하리. 그래, 죽자."

조봉구 코막중공업 사장은 죽을 결심을 하고 집에 오자 몸이 먼저 알아차렸는지 몸살기가 나기 시작했다. 눈을 감았다 떴다 하면서 밤을 세우고 새벽에 눈을 떴을 때 그의 아내가 젖은 수건으로 수발을 하고 있었다. 밤새 한잠도 자지 않고 그를 간호했던 것이다.

"여보, 매일 밤 나 때문에 밤을 세운 거요?"

"당신이 더 힘들잖아요. 어떻게 해서라도 힘이 되고 싶어요."

아내의 말에 정신이 번쩍 든 조봉구 사장은 '이토록 사랑하는 아내와 직원들을 두고 죽을 수 없지. 어차피 무일푼으로 시작한 사업 다시 시작하자'고 결심했다. 그렇게 결심한 조 사장은 털고 일어나서 회사로 달려갔다. 그리고 전 직원을 불러 앉혀놓고 자신이 먼저 사표를 냈다.

"내가 오너지만 능력이 없으면 다 넘기겠습니다. 여러분도 애정을 갖고 열심히 하다가 안 되면 문 닫는 각오로 해주십시오."

그러고는 80명의 직원을 17명으로 줄였다. 그리고 사표서 뭉치를 들고 협력업체를 일일이 찾아다니면서 손이 발이 되도록 빌었다.

"빚진 것은 무슨 일이 있어도 모두 갚겠습니다. 약속합니다. 기필코 회사를 살리겠습니다."

조 사장과 직원들의 눈물 어린 희생과 노력에 감동 받은 협력업체들은 3년간 분할 상환을 하도록 해주었다. 그렇게 하여 마침내 2년 만에 결실을 맺었다. 위기를 극복한 것이다. 무엇보다도 조 사장이 위기를 극복할 수 있었던 것은 죽을 각오로 하면 반드시 일어설 수 있다는 굳은 의지의 결과물이다.

어떠한 위기상황에 처해있을 때 그 위기를 돌파하고 뛰어넘는 가장 강력한 힘은 혁신이다. 전면적인 변화가 일어나야 문제가 해결되기 때문이다. 이때 혁신을 가능케 하는 힘이 바로 의지의 힘이다. 위기를 극복하고자 하는 의지가 있어야 위기를 극복할 수 있다.

정확한 정세 판단과 심리전으로
위기를 극복하다

▶▶▶

1558년 엘리자베스 1세가 왕위에 올랐을 때는 영국은 변방의 약소국에 불과했다. 내전으로 경제는 피폐해졌고, 국민들은 자신감을 잃고 하루하루를 살고 있었다. 그녀는 대관식이 거행되던 날 한 소녀에게 영역판 성경책을 받고 성경책에 키스를 한 후 가슴에 안는 제스처를 해서 가톨릭 시대가 가고 개신교 시대가 왔음을 알린다.

그러자 당시 가톨릭의 수호자를 자처하는 스페인의 펠리페 2세는 신교 국가인 영국에게 공개적으로 공격 의사를 밝힌다. 이때 보좌관들은 엘리자베스 1세에게 타협을 권고하지만 그녀는 전쟁을 선택한다. 냉철한 엘리자베스 1세는 전쟁 전에 사전작업을 진행한다. 스페인의 부는 식민지 제국의 자원에 의지하고 있었다. 이것을 안 엘리자베스 1세는 영국 출신 해적 드레이크에게 제독의 권한을 부여하고 식민지 제국에서 출발하는 스페인 배를 나포하여 마음껏 노략질하도록 했다. 영국에 의해서 노략질 당해 피해를 입은 스페인은 전쟁을 서둘렀다.

1588년 여름 스페인의 무적함대는 영구 침략을 위해 리스본 항을 출발했다. 영국은 해군과 육군을 동시에 소집했지만 스페인의 무적함대 앞에 병사들은 겁에 질려 있었다. 이것을 안 엘리자베스 1세는 목숨을 건 도박을 시도한다. 육군이 주둔하고 있는 틸베리 캠프를 방문한 것이다. 스페인의 동조하는 세력들에 의해 암살당할 수도 있었지만 엘리자베스 1세는 병사들 앞에서 연설을 한다.

"폭군들을 두려워 말라. 나는 지금까지 부끄럽지 않은 삶을 살았다. 그것은 바로 여러분의 충성과 믿음 덕분이다. 전투가 임박한 지금 나는 제군들과 함께할 것이다. 신과 나의 왕국 그리고 나의 백성들을 위한 일이라면 내 명예와 목숨 따위는 티끌처럼 여길 것이다."

엘리자베스 1세는 전투에서 승리하면 합당한 보상을 주겠다고 약속하면서 연설을 마쳤다. 다음 날 그녀는 갑옷을 입고 말에 올라타 행진을 함으로써 병사들을 완전히 감동시켰다. 지도자가 보

신인문학 경영의 지혜

여준 불패의 정신은 병사들의 사기를 끌어 올렸다. 그리하여 영국 함대는 칼레에 정박해있던 스페인 함대를 물리침으로써 불가능을 가능으로 만들었다. 그 전투로 인하여 대서양의 패권은 영국으로 넘어왔다. 위기 때 무엇보다도 리더의 정신 자세가 중요하다는 것을 잘 보여준 전투였다.

상대의 심리를
역이용한 임상옥

정조와 순조 시대에 상인으로 활동한 임상옥은 우리나라 최초로 국경지대에서 인삼 무역을 독점한 거상이었다.

1821년 청나라 사신을 따라 북경에서 인삼을 거래하던 중 청나라 상인들의 불매운동으로 최대의 위기를 맞이했다. 임상옥은 전국에서 최고의 상품을 사들인 뒤 사신을 따라 청나라에 들어갔다. 연경에 도착한 그들은 인삼 상품을 펼쳐 놓고 거래를 시도했으나 예전과 달리 관심을 보이는 중국 상인이 없었다. 안면 있는 상인들에게 거래를 요청했으나 모두들 비싸다고 말할 뿐 거래하려고 하지 않았다. 함께 갔던 조선 상인들은 초조하기 시작했다. 사신의 임무가 끝나면 귀국해야 하는데 인삼은 조금도 팔리지 않았다.

이러지도 저러지도 못한 조선 상인들은 대책회의를 열었으나 뾰족한 방법이 없었다.

이때 중국 상인들이 인삼을 싸게 사기 위해 교묘한 전략을 쓰는 것을 간파한 임상옥은 조선 상인들에게 어음을 써주고 인삼을 모조리 사서는 마당에 쌓아 놓고 불을 지르라고 했다. 사실 중국 상인들은 불매운동을 펼쳐 귀국 날 직전에 조선 상인들이 할 수 없이 싼 값으로 팔 것으로 예상하고 그런 전략을 펼친 것이다. 그런데 뜻밖에 임상옥이 인삼을 불태운다는 소식을 듣고 부랴부랴 달려왔다. 그들이 인삼을 이 기회에 사지 못하면 또 언제 살지 알 수 없는 처지에 인삼을 불태우는 것을 방관할 수 없었기 때문이다.

사태는 단번에 역전되었다. 헐값에 파느니 차라리 인삼을 불태워버리겠다는 임상옥의 단호한 태도에 중국 상인들은 평소보다 비싼 가격에 인삼을 구입할 수밖에 없었다. 상대의 의도를 정확히 파악하여 역이용한 고도의 심리전을 구사한 임상옥은 위기를 기회로 활용하여 돈을 많이 벌었다.

핵심 인물로 조직을 개편하여
위기를 극복하다

▶▶▶

1939년 9월 1일 독일군이 폴란드를 침공하자 미국 대통령 프랭클린 루스벨트는 다음 날 조지 마셜을 육군참모총장으로 임명했다. 조지 마셜의 최우선 과제는 군대의 개혁이었다. 당시 미 육군은 무질서와 방만함, 부패로 제 기능을 다하지 못하고 있었다. 미군 병사 수는 17만 5천으로 독일의 30분의 1에 지나지 않았다. 훈련 상태는 엉망이었고, 일부 병사는 소총을 잡을 줄도 몰랐다. 제2차 대전에 참여할 것이 확실시되는 상황에서 무엇보다도 군 개혁이 절실했다. 문제는 시간이었다.

조지 마셜은 짧은 시간에 군을 개혁하기 위해서는 무엇보다도 인사 문제에 손을 대지 않을 수 없었다. 그리하여 그는 핵심 포스트를 자기 인물로 채우기 위하여 의회에 진급제도 법안을 상정해 통과시켰다. 법안의 요지는 '전시나 유사시에 정규군 장교들은 자신의 영구보직을 포기하지 않은 채 임시로 상위 계급으로 진급하는 법안'이었다. 이것은 조지 마셜이 자신이 원하는 인물을 등용한 후 고위직으로 임명할 수 있는 권한을 의미하는 것이었다.

조지 마셜은 자신이 점 찍어둔 인재들을 속속 등용했다. 이 과정에서 등용된 사람으로 드와이트 아이젠하워, 오마 넬슨 브래드리, 로톤 콜리스 등이다. 아이젠하워는 후일 연합군 사령관을 맡았다가 미합중국 대통령이 되었으며, 브래들리는 합창의장을 거쳐 미군의 마지막 5성 장군이 되었으며, 콜리스는 한국 전쟁 중 육군참모총장으로 활약했다.

조지 마셜은 아이젠하워를 전쟁 기획실로 발령을 내린 후 그를 중심으로 조직을 개편했다. 그는 군의 모든 것을 개혁하는 대신 핵심에 자신이 신뢰할 수 있는 인물을 배치함으로써 조직을 장악해 나갔다.

마셜은 자신이 핵심 포스트로 키운 인물을 끝까지 믿음으로써 그들이 자신의 역량을 최대한 발휘하도록 했다. 마셜이 육군총장으로 있는 동안 미 육군은 830만 명으로 증가했고, 12만 9천 대의 항공기와 2,500만 대의 차량을 확보한 세계 최대의 군대로 변모

신인문학 경영의 지혜

했다.

처칠은 그를 가리켜 '승리의 설계자'라고 칭했으며, 헤리 트루먼은 '동시대의 가장 중요한 인물'로 그를 들었다. 마셜은 자신이 믿는 핵심인물로 군대를 개편하여 2차 대전이라는 위기에서 미국을 구하고 승리했다. 위기일수록 조직의 응집력이 필요하며, 조직의 응집력은 리더의 의중을 읽고 일사불란하게 움직이는 핵심 인력의 조직력에서 출발한다.

전사戰士정신을 가진 인물로 경영하는 사우스웨스트 항공사

사우스웨스트 항공사에서 33년을 보낸 세리 펠프스는 인사부 총책임자로 일하면서 여러 직원을 채용하는 데에 이바지했다. 펠프스는 '경쟁력' 특성에 대한 확고한 소신을 가지고 있다. 그가 생각하고 있는 직원들이 회사의 혁신적인 목표를 이룰 수 있으며 회사의 생존을 가능케 한다고 믿는다. 그는 직원을 뽑을 때 제일 먼저 보는 것이 이른바 전사적 정신이다. 그는 그 이유에 대해서 이렇게 설명한다.

"우리 회사 역사의 상당 부분은 전투로 이루어졌습니다. 항공사로서의 권리를 지키기 위한 싸움, 우리를 짓밟으려는 대형 항공사들과의 싸움, 그리고 우리를 모방하려는 저가 항공사들과의 싸움 말입니다. 우리는 전투 속에서 태어난 회사입니다. 우리 회사에 들어오려는 사람은 누구나 전사적 정신을 가지고 있어야 합니다."

그리하여 사우스웨스트 항공사는 직원을 뽑을 때 베테랑보다는 차라리 교사나 웨이터, 경찰관을 선호한다.

"우리는 조직 내에 오랫동안 있어온 누군가의 습관을 바꾸는 것보다는, 열정적이고 고객 중심 마인드를 갖춘 사람을 뽑아 능력을 발휘할 수 있게 합니다."

사우스웨스트는 '어떤 사람인가? 무엇을 하는가?' 못지않게 그 사람의 신념을 보고 사람을 뽑아서 핵심인재로 키운다.

레이건, 원칙을 지켜
위기를 극복하다

▶▶▶

1980년 레이건이 취임할 당시 미국은 국가적 위기상황을 맞이했다. 카터 행정부에서 물려받은 것은 11.83%의 인플레율과 실업률 7.5%의 악화된 경제, 그리고 이란 인질 사태로 대표되는 미국의 구겨진 자존심이었다.

그는 취임사에서 "지금 미국의 정부는 미국이 안고 있는 문제를 해결할 수 있는 수단이 아니라 그 자체"라고 말하면서 공공 부문 개혁에 강한 의지를 보였다. 이런 상황에서 연방정부 소속 17,000여 관제사의 조직인 항공관제사 노조는 1년 동안 끌어오던 협상이 결렬되자 1981년 전면 파업을 선언했다. 노조의 요구는 주 40

시간 근무의 32시간 단축과 40% 이상의 임금 인상이었다.

파업에는 12,000명이 참여했다. 관제사들이 고도의 전문성을 지닌 인력이며 근무 강도가 상대적으로 매우 높다는 점을 감안해도 노조의 요구는 받아들일 수 없다는 게 레이건의 판단이었다. 게다가 다른 공공 부문의 협상도 줄줄이 기다리고 있었다. 항공관제사 노조 측은 치밀히 계산한 다음 파업을 했다. 전통적으로 민주당을 지지하던 관제사 노조는 이번 선거에서 지금까지의 관례를 깨고 공화당 레이건을 지지했다. 또 당시 한창 성수기인 휴가철이라 8월에 비행기 운항을 멈추면 경기에 미칠 타격과 시민 불안을 정부가 감내하기 힘들 것이라는 계산이 깔려있었다. 미국 최대의 산별 노조도 지지에 나선 상황에서 레이건이 정면으로 맞서기 힘들 것이라고 판단했다.

하지만 레이건의 반응은 강경했다. 그는 "18시간 내에 복귀하지 않으면 관련법에 따라 전원 해고할 것이며, 평생 연방정부에 취직하지 못할 것"이라고 경고했다. 노조원들은 엄포로 받아들이고 파업을 해제하지 않았다. 그러자 레이건은 명령한 대로 기한 내에 복귀하지 않은 노조원 11,350명을 전원 해직시켰다.

경제적 손실을 최소화하기 위해 파업에 대비한 비상계획을 가동하여 항공기 운항은 평소 80% 수준에서 운행했다. 정부는 은퇴한 관제사들을 동원하여 자가용 비행기 등 불필요한 운항을 중단시켰다. 파업은 결국 노조의 참패로 끝났다. 관제사 노조는 그다음 해에 노조의 자격이 박탈당했고, 평생 재취업 금지명령은 빌 클린턴 시절인 1996년에야 폐지되었다. 일부는 복직되었지만 수천 명은 영영 재취업하지 못했다.

레이건은 불법을 저지른 자에 대해서는 일체 관용이 없다는 원칙을 재확인하면서 그 원칙에 따라 문제를 해결하여 강력한 리더십을 발휘했으며, 미국을 변화의 길로 인도했다.

최고급 스포츠카 외에는 타협을 거부한 포르쉐

최고급 스포츠 자동차의 대명사인 포르쉐는 1990년대 최고의 위기를 맞이했다. 제품의 라인업을 확장하기 위해 914, 924 등을 개발했는데, 이 자동차는 후방 엔진 차종으로 포르쉐의 역사를 대변하는 911 개념과는 거리가 멀었다. 그리고 포르쉐의 전통적인 고객들은 이탈하기 시작했다.

포르쉐는 위기를 돌파하기 위하여 원칙주의자 벤델린 비데킹을 영입했다. 겉모습은 마음 따뜻한 동네 아저씨 같지만 엄청난 능력을 가진 야망 있고 차가운 심장으로 유명했다. 그는 포르쉐의 원칙을 지켜 나갈 때 위기를 극복할 있다고 믿었다. 그는 "타협하는 자는 패배하기 마련이다. 우리에게는 복제품 따위는 존재할 수 없다"고 천명했다. 비데킹의 입장에서 볼 때 포르쉐는 최고급 스포츠카를 만드는 회사인데 그럼에도 불구하고 그 원칙을 지키지 않고 다른 것을 기웃거린 것이다. 그로 인해 포르쉐는 최악의 위기를 맞이한 것이라고 판단한 것이다.

비데킹은 회사의 기본 원칙에 맞지 않는 제품을 만드는 것을 과감히 포기하고 본연의 원칙을 준수하는 제품에 몰두하기로 결정했다. 그리하여 929와 980과 같은 스포츠카는 단종시키고, 대신 911을 최고의 제품으로 만들기로 했다. 공정기간이 길어지자 조립 라인을 개선하고 공정 과정을 줄여나갔다. 그러면서 고급화를 추진했다.

911이 경쟁력을 갖추자 비데킹은 911을 더욱 작고 날렵하게 만든 박스터를 생산하기로 결정했다. 박스터는 대성공을 거두었고, 박스터는 2003년 포르쉐 전체 판매량의 40%를 차지했다. 박스터로 성공을 거두자 비데킹은 최고급 승용차 SUV 시장에 주목했다. 사람들은 SUV가 최고급 스포츠카와는 이미지가 안 맞는다고 생각하고 있었으나 비데킹이 주목한 것은 패밀리카 용도로 SUV를 구입하는 30~40대 고객들이었다. 그들에게 포르쉐의 SUV는 훌륭한 대안이 될 수 있다고 판단했다. 이런 배경에서 탄생한 포르쉐의 최고급 SUV 역시 대성공을 거두었다.

원칙이 흔들려서 위기를 맞았던 포르쉐는 원칙을 다시 지킴으로써 위기를 극복할 수 있었다.

유능한 인사를 발탁하여
위기를 극복하다

▶▶▶

고려 제3대 광종은 즉위하자 위협 세력에 의해서 많은 위기감을 느끼고 있었다. 태조 왕건은 많은 선물을 주고 자신의 신분을 낮추어 신분을 가리지 않고 호족들과 결혼을 하도록 하는 정책으로 호족을 우대하여 호족을 아우르는 데에 성공했다. 그러나 왕건이 죽고 광종이 즉위했을 때는 그 호족 우대 정책이 부메랑으로 돌아와 왕권마저 위협받게 되었다.

광종은 왕권을 강화하여 호족 세력을 억누르면 왕권은 튼튼해지지만 그렇지 못하면 분열되어 나라가 흔들리게 될 것을 우려했다. 광종은 당태종의 업적을 기린 『정관정요』를 읽으면서 이런 정국을 헤쳐나갈 묘수를 생각했으나 뾰족한 방법이 없었다. 그런데 그때 바로 그런 상황을 타개할 비법을 제시하는 인사를 만났다. 그 사람이 바로 '쌍기'였다. 쌍기는 당시 고려와 외교관계를 맺던 중국 후주의 사신 설문우를 따라온 후주 사람이었다. 광종은 쌍기를 통해 후주가 자신이 바라는 방향으로 나라를 개혁한 것을 알게 되었다. 그리하여 광종은 쌍기를 한림학사로 제수했다.

쌍기를 통해 개혁방안을 구체화한 광종은 행동에 나섰다. 노비안검법이 그 첫 번째였다. 노비안검법은 전쟁이나 빚으로 인해 노비 신세가 된 사람을 해방시켜 원래의 위치로 회복하는 법이었다. 노비안검법이 시행되자 가장 타격을 입은 사람들은 호족들이었다. 노비를 이용하여 농토를 경박하거나 군사력을 확장하던 호족들은 그들의 토대를 잃어버린 것이다.

광종이 그다음으로 시행한 것이 과거제였다. 그전에는 고려에서 인재를 뽑을 때 주로 추천제였다. 추천을 통해 관료가 된 사람들은 자신을 추천한 사람들 편에 설 수밖에 없었다. 그리하여 파벌이 생기게 된 것이다. 과거제도를 통해서 인재를 선발하게 되자 연고가 없는 사람들도 시험에 합격하면 누구나 관료가 될 수 있는 길이 열린 것이다. 광종은 관료들의 등급에 따라 공복의 색을 달리하는 것을 기본 골자로 하는 '공복제정' 정책을 폈으며, 여러 가지 개혁을 하여 위기를 극복함은 물론 26년간 재위기간에 고려의 기본 구조를 그대로 유지해나갈 수 있는 기반을 만들었다. 광종은 유능한 인사로 하여금 위기를 돌파하는 지혜를 얻어 그대로 시행하여 극복한 것이다.

목표 달성을 위주로
조직을 정비한 질레트

능력 있는 인재를 등용해 위기를 탈출하는 것은 기업에서도 자주 일어나는 일이다.

1966년까지 세계 초우량 기업의 하나로 성장하던 질레트가 1999년부터 내리막길을 걷고 있었다. 판매량이 3년 전과 비슷한 데 비해 재고량은 40% 이상 증가했다. 질레트는 현상을 정확히 파악하기 위해 정밀 진단 작업에 들어갔다. 문제는 호황기에 인력을 과다하게 늘리면서 전체 규모를 지나치게 키운 점이 문제였다. 그리하여 전세계 14개의 공장과 12개의 물류센터를 줄이는 등 5억 달러 이상을 절감하는 구조 개선안을 발표했으나 2000년대에 들어 더욱 추락하고 있었다. 근본적인 대수술이 필요하다고 판단한 질레트는 짐 킬츠를 새로운 CEO로 영입했다.

짐 킬츠는 회사가 심각한 위기에 빠졌다고 판단했다. 그는 무엇보다도 먼저 직원들의 정신무장이 급선무라고 판단했다. 짐 킬츠는 회사가 놓인 정확한 상황을 간부들과 공유할 필요를 느꼈다. 그리하여 시장점유율, 이익 등 기본적인 수치를 간부들 앞에서 프레젠테이션으로 설명했다. 그때야 직원들은 회사의 심각성을 느꼈다. 그러고는 직원들 개개인에게 목표가 주어질 것이며, 실패했을 때에는 문책도 따를 것이라고 말했다. 그러고는 직원들에게 각자 목표를 서면으로 제출하라고 했다. 짐 킬츠는 그것을 바탕으로 실적을 점수로 매기고 그것에 따라 승진이나 좌천이 될 수 있다고 말했다.

목표의식을 심어준 짐 킬츠는 고비용 구조수술에 착수했다. 짐 킬츠는 비용 발생 요인을 구체적으로 파고들어 개선점을 찾아내 고쳤다. 반발도 심했지만 끈질기게 개선작업을 지속했다. 그 결과 2003년이 되자 경영상황이 호전되기 시작했다. 그리하여 마침내 위기를 극복할 수 있었다.

질레트는 고려 광종과 마찬가지로 능력 있는 새로운 인재를 등용하여 위기를 극복한 것이다.

위험도

함께 나누는

협력의 힘

Chapter 5

경쟁과 협력의 가치,

인문학을 통해 배우다

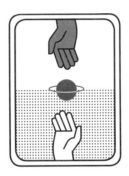

기업들 간에, 특히 경쟁사와도 협력하지 않으면 안 되는 추세다. 심지어 가장 부담스러운 R&D마저 경쟁자와 공동으로 시도하기 시작했다. 이것은 새로운 기술 개발에서 좋은 상품이 나온다는 보장이 없고, 또 많은 투자와 공을 들여 개발한 상품이 시장에서 외면당할 위험도 있기 때문에 이런 위험 부담을 줄이기 위한 하나의 방법으로 시행되고 있다.

협력의 가치, 포도농장
주인들로부터 깨닫는다

▶▶▶

　프랑스 남부의 론 강 주변은 명품 와인이 생산되는 포도농장들이 많이 모여 있다. 그곳은 포도를 재배하기에 적합한 옥토로 구성되어 있다.

　로마제국은 프랑스의 비옥한 땅에서 수확한 곡식들을 밀가루로 빻아서 로마로 가져가려고 항구 도시 툴롱의 론 강 주변 하구에 둑을 쌓고 수백 개의 물레방아를 설치했다. 물레방아가 돌면서 수만 포대의 밀을 빻아 밀가루를 만들어냈다. 로마제국이 망한 후에도 이 물레방아를 이용한 공장들이 주위에 많이 생겨 강 하류는 큰 공업단지로 발전했다.

그러던 중 이 동네의 부를 탐낸 중류마을 사람들이 질투하기 시작했다. 똑같은 강가에서 사는데 하류에 사는 사람들은 물레방아를 이용해서 돈을 많이 벌고 자신들은 가난을 면치 못하고 있기 때문이다. 이들은 참다못해 곡괭이를 들고 하류 마을로 쳐들고 갔다. 같은 강에서 사는 사람들인데 그 강에서 번 돈이므로 그 돈을 자신에게도 나눠줘야 한다고 떼를 써서 돈을 뜯어 갔다. 이런 일이 자주 되풀이되자 하류 사람들은 돈을 들여서 갑옷 입은 기사들을 동원해 중류에 사는 사람들이 동네에 접근하지 못하도록 했다. 그러자 중류의 사람들은 이번에는 강에 둑을 막아 강물이 하류로 흐르지 못하도록 하여 물레방아를 돌아가지 못하도록 했다. 그뿐만 아니라 자기네 마을에 물레방아까지 만들어 하류 사람들과 경쟁하려고 했다.

강에 대한 이권을 놓고 두 마을 사람들의 전쟁이 수십 년간 계속되자, 이제는 상류에 사는 사람들까지 가세하여 상류에다가 둑을 쌓아 로마시대로부터 내려오던 물줄기가 끊어지게 되었다. 그리하여 강물이 여기저기 둑에 막혀 제대로 흐르지 못하게 되자 물레방아 사업과 관련이 없는 농부들까지 피해를 입어 생계까지 위협받게 되었다.

상황이 이쯤 되자 세 마을 사람들은 론 강을 다스리던 영주를 찾아가 해결책을 요구하여 재판을 했으나 세 마을 사람들은 재판

결과를 받아들이지 않았다. 항소에 항소를 거듭하여 90년 동안 분쟁이 끊이지 않았다.

마침내 공작은 세 마을 사람들이 공존할 수 있는 중재안을 제안했다. 그것은 세 마을 사람들이 주주로 하는 세 개의 협동조합을 만드는 것이다. 그리고 다시 이 세 협동조합을 하나로 통일시켰다. 그러고는 세 둑 중 어디에서나 이익이 생기면 세 마을 사람들이 공동으로 나누어 가지도록 했다. 이것이 1200년대 세워진 최초의 협동조합이다. 이 협동조합으로 인해 세 마을 사람들은 이권을 놓고 경쟁을 하거나 싸우지 않게 되었으며 함께 공존하는 협력의 시대를 연 것이다.

제휴로 기반을 마련한
현대자동차

제휴라는 말은 기업 간의 협력을 다른 말로 표현한 것이다. 상대 기업으로부터 기술이나 노하우를 전수받는 것을 의미한다.

1967년에 설립된 현대자동차는 이듬해 미국의 자동차 회사 포드와 제휴해 코티나를 생산했다. 그러나 현대자동차가 부품 수입 조립형태가 아닌 고유 모델을 개발하면서 포드와의 제휴는 종료

된다. 그 후 현대자동차는 일본의 미쓰비시와 전략적인 제휴를 맺고 1975년 국내 최초의 고유 모델인 포니를 생산했다. 포니는 발매 첫해 1만 대 이상 팔리는 베스트셀러가 되면서 후발업체인 현대자동차는 단숨에 시장 점유율 1위에 올랐다.

포니는 부품 수입, 조립 수준에 머물렀던 국내 자동차 생산 기술을 모델개발 단계로 상승시킨 이정표가 되었다. 현대자동차는 미쓰비시와의 제휴를 통해서 포니를 개발, 생산하면서 자동차 회사로서의 기반을 확고히 하는 데에 성공하여 다음 단계로 나아갈 수 있게 된 것이다.

제휴나 협력은 이처럼 회사를 성장·발전시키는 데에 큰 계기가 되고 다음 단계로 나아가기 위한 기초를 다지는 계기가 된다.

위험도 함께 나누는
협력의 힘

▶▶▶

　세익스피어의 걸작 『베니스의 상인』을 읽어봐도 중세시대의 무역업의 위험성을 쉽게 알 수 있다. 베니스의 유명한 사업가인 안토니오가 배 세 척을 담보로 당시 금융업자 샤일록에게 돈을 빌리려고 하자 샤일록은 이렇게 말하면서 거절했다.

　"배는 그래 봤자 널빤지에 지나지 않고, 사람은 그래 봤자 사람이지. 게다가 땅에 쥐가 있는 것처럼 배에도 쥐가 있고, 해적마저 들끓고 있는 판에 물과 바람과 암초의 위험까지 더하고 있는 것이 무역업인데 어떻게 믿고 돈을 빌려줄 수 있는가."

　당시의 아랍 무역업자들은 이런 경험을 통해서 위험 부담을 최소화할 수 있는 묘안을 찾아내었다. 무역선이 침몰되더라도 손실을 감당하고 비즈니스를 유지할 수 있도록 선주 몇 명이 계를 만들어 단체로 배를 띄우기로 한 것이다. 계원들은 모두 짐을 합친 다음 배 숫자만큼 나눠 실었다. 그렇게 해서 만약 풍랑으로 배 한 척을 잃더라도 선주들이 공평하게 손실을 나눠 책임을 지고 누구 한 사람만 망하는 불행을 막을 수 있었다. 이 방법의 효율성이 입증되면서 배가 몇 척씩 단체로 움직이다가, 만약 한두 척이 가라앉으면, 손실 금액을 정확하게 등분해서 공평하게 분배하는 제도로 정착되었다. 아랍어로 재앙을 All-War라고 하는데, 배 한 척이나 두 척이 가라앉으면 All-War가 선포되고, 그러면 멤버들은 똑같은 액수의 돈을 내어 손실을 메꾸었다. 이 방식은 지금까지 전 세계 무역업계에서 사용되고 있다.

위험을 나누어 공동으로 부담할 수 있게 된 아랍 상인들은 그때부터 개별적으로 위험 부담이 커 꿈도 꾸지 못한 위험 지역까지 무역을 터서 차별화된 상품으로 엄청난 이익을 올릴 수 있었다. 그리하여 아랍 상인들은 일찍이 이집트에서 인도양을 거쳐 말레이시아로 가는 대양항로를 개발했으며, 우리나라 고려시대에 아프리카에서 인도네시아로 직항하는 화물항로를 개발하여 많은 이익을 올렸다. 이것은 모두 위험을 함께 나누려는 배려와 협력의 힘을 믿었기 때문에 가능했던 것이다.

경쟁자와 협력하여
R&D를 시도하는 기업들

　　이러한 협력의 방법은 비단 아랍 무역업자들만이 시행한 제도가 아니라 오늘날 비즈니스 세계에서도 이루어지고 있다. 요즘 비즈니스 업계에서 이들처럼 경쟁자들과 협력하는 것을 코피티션Coopetition이라는 신조어로 표현한다. '경쟁하다'의 Competition과 '협동하다'의 Cooperation을 합쳐 만든 용어다.

　　기업들 간에, 특히 경쟁사와도 협력하지 않으면 안 되는 추세이다. 심지어 가장 부담스러운 R&D마저 경쟁자와 공동으로 시도하기 시작했다. 이것은 새로운 기술개발에서 좋은 상품이 나온다는 보장이 없고, 또 많은 투자와 공을 들여 개발한 상품이 시장에서 외면당할 위험도 있기 때문에 이런 위험 부담을 줄이기 위한 하나의 방법으로 시행되고 있다.

　　좋은 예로 유럽의 경차 시장의 최대의 라이벌이었던 프랑스의 푸조 시트로앵과 일본의 도요타는 신세대 경차 R&D를 공동으로 시도한 사실을 들 수 있다. 이를 통해 이 두 회사는 같은 규격의 부품을 생산해 원가를 낮추고 공동으로 기술 개발비용을 부담하여 양측 회사가 부담해야 할 비용을 최소화할 수 있었다.

　　경쟁해야 할 때와 협력할 때를 구분하며 자기가 속한 지역, 협회, 국가의 경쟁력을 동시에 높여가야만 장기적이고 진정한 경쟁력을 확보, 유지할 수 있다는 것이 천 년 전 아랍상인들과 역사가 가르쳐준 교훈이다.

핵심 지역 농민들을
기반으로 삼아 성공한 조조

▶▶▶

『삼국지』의 영웅 조조는 농민을 자신의 핵심 기반으로 삼아 세력을 확장해 나가서 마지막에는 위나라를 세우고 왕위에 오른다. 환관 가문의 양자였던 조조는 강력한 군벌 출신 동탁이나 명문 귀족 가문 출신 원소에 비해 내세울 것이 없었다. 그러나 훗날 원소를 제압하고 유비와 손권까지 물리쳐 난세를 평정한다. 그렇게 위업을 이루기까지에는 누구보다도 믿는 구석, 즉 농민들의 힘이 있었기 때문이다.

192년 조조는 연주에 침공한 황건적을 물리친 후 이들을 포용해 자신의 기반세력으로 삼으면서 연주라는 지역적 기반과 농민이라는 계층의 기반이 한꺼번에 생긴 것이다.

당시 백성들에게 가장 필요했던 것은 생활안정이었다. 계속된 전란 때문에 백성들은 안전한 삶의 터전과 생업을 원했던 것이다. 마침 조조 밑에 있던 조지, 한호, 임준 등이 둔전제를 건의했다. '둔전제屯田制'는 농민들에게 농지를 빌려준 뒤 수확량의 6할을 징수하는 제도로써 농민들로 하여금 한 지역에 머물러 살 수 있는 터전을 마련해주는 획기적인 정책이었다.

먹거리가 많다는 것은 강한 군사력의 기반이 된다. 많은 군인들을 먹여 살릴 군량을 조달하는 것은 당시 장수들의 고민거리였다. 조조는 그런 고민거리를 해결하는 방법을 찾아낸 것이다.

좋은 아이디어는 받아들이고 즉시 실행하는 것이 훌륭한 리더의 장점이다. 조조가 그러했다. 부하들이 좋은 아이디어를 내고 부하들이 신나게 일하는 분위기를 만들었다.

도읍지인 허창에 둔전제를 실시하여 첫해에 식량이 100만 석이나 증산되었다고 한다. 그 뒤 둔전제를 실시하는 지역을 점차 넓히자 전국의 곡창이 꽉 찰 정도로 풍부했다.

조조는 또한 화북지방의 거대세력인 원소를 물리친 후 제일 먼저 세금 감면을 실시했다. 당시 원소는 그 지역에 살고 있던 주민들로부터 많은 세금을 부과하여 원성이 자자했다. 그것을 간파한 조조는 세금을 감면하여 주민들로부터 많은 환대를 받았다.

조조가 병력의 절대 열세를 극복하고 원소와의 전쟁에서 승리하여 화북지역을 장악할 수 있었던 것은 농민들을 핵심기반으로 삼고 그들이 잘살 수 있는 정책을 실시했기 때문이다.

지역사회에 이바지하기 위해
기업을 설립하다

기업도 마찬가지다. 그 지역의 인심을 얻지 못하면 성장할 수 없다. 그리하여 지역을 발전시키고자 이바지하는 기업이 생겨났는데, 그 대표적인 기업으로 손꼽을 수 있는 것이 세계 제일의 요구르트 업체인 프랑스의 다논 그룹이다.

다논은 방글라데시에 그라민 다논 푸즈를 설립했다. 다논 그룹의 프랑크 리부 회장은 2005년 10월 파리의 한 레스토랑에서 마이크로 크레딧 기업인 그라민 은행의 무하마드 유누스 총재를 만났다. 노벨 수상자인 유누스 총재는 그에게 방글라데시의 굶주린 아이를 위한 사회적 기업을 만들어보라고 제안했다. 리부 회장이 그 제안을 받아들여 그라민 다논 푸즈가 설립되었다.

이 기업은 2006년 방글라데시의 수도 다카에서 북쪽으로 23km 떨어진 곳에 세워 해당 지역에서 생산되는 우유로 '사크리 도유'

라는 요구르트를 만들었다. 그리고 매우 저렴한 가격으로 그곳에 거주하는 가난한 아이들에게 제공했다. 그 지역에 맞게 저렴한 가격에 판매할 뿐만 아니라 영양부족에 시달리는 아이들을 위해 비타민을 강화했다. 그리하여 저렴한 가격으로 영양을 충분히 공급할 뿐만 아니라 일대 수백에 이르는 농장을 만들어 주는 계기가 되었다. 여기에 그치지 않고 유통과 관련한 다양한 일자리를 만들어서 지역사회가 지속적으로 발전하는 데 기여했다. 그리하여 다논은 비록 수익은 없을지라도 방글라데시에 지속가능한 비즈니스 모델을 만들면서 한 나라에 돈으로 따지기 힘든 거대한 신뢰를 얻었다. 다논은 먼저 베풀면 반드시 그 대가가 온다는 것을 증명했다.

이종격투기에서 배우는
기업의 생존법

▶▶▶

2004년 말경, 각종 스포츠 신문 1면에 '최홍만, 씨름판을 떠나 K-1선수로 나서다'라는 제목으로 최홍만 선수가 씨름판을 떠난다는 소식이 실리며 많은 독자들로 하여금 놀라게 했다. 한국 씨름을 대표하던 최홍만 선수가 씨름판을 떠나는 이유는 그가 속한 씨름단 해체와 무관하지는 않지만 그보다도 사람들의 관심이 씨름판을 떠나 격투기로 향하고 있다는 것이 가장 큰 원인이었다.

씨름은 1983년 제1회 천하장사 씨름대회를 시작으로 어느 스포츠 못지않게 인기가 있었다. 90년대 중반부터 인기가 하락세를 시작으로 1997년 경제위기를 거치면서 프로 씨름단체들이 줄줄이 해산되고 씨름이 쇠락하기 시작했다.

한동안 전 세계적으로 인기를 누리던 프로복싱도 인기가 시들해지면서 사람들의 관심이 없었다. 그것은 많은 사람들의 관심이 이종격투기로 옮겨 갔기 때문이다. 물론 사람마다 차이가 있겠지만, 요즘은 복싱보다도 UFC, 프라이드, K-1으로 대변되는 이종격투기에 관심이 많다.

이종異種격투기란, 다른 종목의 선수와도 싸울 수 있다는 것을 의미한다. 즉 그전의 격투기는 같은 종목끼리 싸우는 경기였으나 이종격투기는 종목을 가리지 않고 싸운다. 즉 이제는 서로 다른 종목의 선수와도 새로운 룰에 의해서 싸울 수 있게 된 것이다.

오늘날 무한경쟁의 시대라고 하는데, 이종격투기야말로 무한경쟁 시대의 상징이라고 할 수 있다. 무한경쟁의 상징인 이종격투기에서는 아무리 실력이 좋은 선수라도 안심할 수 없다. 왜냐하면 어떤 선수를 만날지 모르기 때문이다. 이종격투기 세계에서는 특별한 재능을 가진 이외의 복병선수를 언제 만날지 모른다. 그래서 더욱 사람들의 관심을 끌게 되고, 인기가 높은지도 모른다.

새로운 경쟁방식이 도입되고 있는
비즈니스 세계

비즈니스 세계에서도 경쟁이 심해지면서 기존과는 다른 경쟁방식이 도입되고 있다. 같은 업종끼리 하던 소위 격투기 방식에서 이제는 업종을 가리지 않는, 이종격투기 경쟁방식이 도입되어 무한 경쟁을 하고 있는 것이다. 그 대표적인 것이 금융권이다. 과거에 은행은 은행법에 따라 은행끼리 겨루고, 증권사는 증권사끼리 경쟁했다. 이 시대에는 다른 영역을 침범할 수 없었고, 넘볼 생각도 하지 않았다. 그러나 지금은 상황이 많이 바뀌었다. 새로운 경쟁스타일이 생겼다. 요즘엔 은행에 가면 예금이나 적금 상품 외에 보험 상품도 구입할 수 있다. 심지어 증권시장의 고유 상품이던 펀드까지 취급한다.

금융권만이 아니다. 연예계도 예전에는 가수는 가수끼리 경쟁했다. 그러나 지금은 분야별 경계가 흐릿해지면서 가수보다 노래를 잘하는 탤런트가 있으며, 코미디언보다 더 웃기는 가수들도 있다. 그리하여 특정한 영역 없이 모든 분야에서 잘하는 사람을 가리켜 '만능 엔터테이너'라고 칭하는 용어까지 생긴 것이다.

이것뿐만이 아니다. 마트에서 치킨을 판매하고, 편의점에서 택배를 취급한다. TV를 만드는 전자 회사는 할인점에서 BP나 PL제품으로 TV를 출시하여 싸게 파는 바람에 골치가 아프다. 게임회사는 스마트폰으로 하는 게임 때문에 힘들어한다. 이제 전통적인 산업 구분이 쓸모가 없어졌다. 비즈니스가 이종격투기처럼 경쟁 시장이 변하면서 확실한 것은 절대강자가 없다는 것이다. 이종격투기처럼 무패의 강자는 존재하지 않는다는 점이 비즈니스 세계에서도 통하는 이야기다. 문제는 이종격투기처럼 절대 강자가 존재할 수 없는 비즈니스 세계에서 시장의 변화를 따라가지 못하면 순식간에 경쟁에서 패하여 사라질 수 있다는 점이다.

미국을 대표하는 기업 중에서 '코닥'은 필름세계에서 절대강자였다. 그러나 디지털 카메라가 나오면서 필름을 사용하지 않게 되자 2012년에 파산하고 말았다.

이종격투기처럼 비즈니스 세계가 경험하는 이러한 현상을 인텔 회장이던 앤디 그로브는 '전략적 변곡점'이라고 말했다. 따라서 아무리 잘나가던 기업도 이런 변곡점을 잘 넘기지 못하면 하루아침에 전락하고 만다는 것이다. 문제는 이런 변곡점이 누구에게나 쉽게 드러나지 않는다는 점에 있다. 처음에는 사소한 것처럼 보이다가 어느 순간 시장의 패러다임을 바꾸는 계기가 된다. 이런 환경의 변화가 자신이나 자신이 이끌고 있는 기업에 기회인가 아니면 위협인가 하는 것은 받아들이는 주체에 달렸다는 것이다. 그럼 어떻게 해야 할까? 프랑스 철학자 몽테뉴가 다음과 같이 말했다.

"어느 곳을 향해 배를 저어 갈지 모르는 사람에게 어떤 바람도 순풍은 아니다."

목적지가 정해져 있지 않은 배에게는 모든 바람이 역풍이 된다. 그러나 목적지가 정해지면 여러 바람 중에서 목적지를 향해 순항할 수 있도록 바람을 선택할 수 있다는 것이다. 비즈니스 세계에서도 변화가 극심한 시대에는 수없이 많은 변화가 일어날 것이다. 그러나 목적지가 분명한 기업은 그 변화를 유리하게 이용할 수 있다.

엄홍길이
경쟁력을 가르치다

▶▶▶

　엄홍길은 세계적으로 알아주는 등반가다. 세계 최초 8,000m 16좌를 완등한 산악인이다. 그와 같은 세계적인 수준의 산악인이 되려면 선천적인 능력과 체력이 반드시 필요하다. 그러나 타고난 능력만으로 세계적인 등반가가 된 것은 아니다.

　세계적인 수준의 등반가들은 영하 수십 도의 혹독하고 변덕스러운 날씨와 눈보라에 대비하는 훈련을 하지 않고는 절대로 산에 오르는 법이 없다. 이런 훈련을 하지 않고 산에 오르는 것은 미친 짓이라는 것을 그들은 잘 알고 있기 때문이다. 그들은 오르고자 하는 산의 기후와 지형에 대해서 연구하고 보통 사람들이 사용하지 않는 산악 장비들을 사용하는 법을 익힌다. 이러한 노력과 훈련을 통해 보통 사람들이 인식하지 못하는 미묘한 기후의 변화를 미리 감지하고 대비하는 능력을 기르게 되는 것이다. 이러한 훈련이 엄홍길을 최고의 산악인으로 만들었고, 이것이 그의 경쟁력이기도 했다.

기업이 위기관리 능력을 높이기 위해서는 다양한 정보를 수집하고 선별하고 통합하는 능력이 필요하다. 무엇보다도 중요한 것은 자신만의 관점에서 벗어나 제3자의 시각으로 산업과 시장을 이해할 수 있는 능력이다. 이런 모든 능력을 키우기 위해서는 교육과 훈련이 필요하다. 가혹한 환경에서 훈련을 통해 엄홍길과 같은 산악인이 탄생했듯 기업의 위기관리 능력 역시 교육과 훈련이 반드시 필요하다. 이를 통해서 한 발 앞서 위기와 기회를 인식하고 대응할 수 있는 능력이 생기는 것이고, 이러한 능력이 바로 기업의 경쟁력이다.

넓은 시각으로
시장을 바라보다

아일랜드 기업인 기네스 맥주 회사는 19세기부터 아프리카에서 맥주를 판매해왔다. 아프리카에서 매출 증가세는 지난 수십 년 동안 계속되어 왔다. 그리하여 경영진들은 이런 추세가 영원할 것으로 생각하고 있었다. 그런데 2000~2001년 사이에 갑자기 6% 하락했다. 그들은 150년 동안 그곳에서 맥주를 판매해왔기 때문에 이 시장을 잘 알고 있다고 생각했다. 그만큼 잘 알고 있다고 생각하던 그들은 매출 감소 이유를 알 수 없었다.

매출 감소의 원인으로 보통 생각할 수 있는 것은 경쟁회사가 만든 신제품, 경기 불황, 새로 선보인 음료, 맥주에 대한 사람들의 싫증 등 여러 가지가 있다. 그런데 기네스 맥주의 매출 감소 원인은 보통 사람들이 생각하는 그런 이유가 아니었다. 기네스 회사는 다각도로 조사를 벌였다. 그 결과 원인은 바로 엉뚱한 데에 있었다. 즉 휴대폰의 등장이었다.

손에 맥주병을 잡고 있던 젊은이들이 이제는 휴대폰을 잡기 시작하면서 맥주의 매출 감소가 이어졌다. 휴대폰을 사용하면서 맥주에 소비해야 할 돈이 휴대폰 구매로 이어져 맥주시장이 붕괴되기 시작한 것이다. 이 사실을 파악한 기네스 회사는 휴대폰 회사들과 협력을 모색했다. 특히 휴대폰 단문메시지 서비스를 이용하여 젊은이들을 상대로 광고에 집중했다. 결국 2003년에 이전의 판매실적을 회복했다. 기네스 회사는 처음에는 동종업계 경쟁자들의 제품과 시장만을 분석하는 우를 범했으나 휴대폰도 소비자

지갑 안에서 경쟁할 수 있다는 것을 깨달은 것이다.

앞 장에서 지적했듯이 무한경쟁 시대로 접어들면서 같은 업종의 회사가 경쟁 업체가 아니라 다른 업종의 기업들도 경쟁 상대가 될 수 있게 된 것이다.

경쟁사들을 지금까지 해온 것처럼 동일 업종으로 국한해서는 안 된다. 산업붕괴와 기업의 치명적인 위협이 같은 업종의 경쟁 기업 그 자체가 대상이 되는 시대가 지나간 것이다.

싸우면 함께 망한다는 교훈,
우화에서 배우다

▶▶▶

어느 여름날이다. 큼직한 민물조개가 입을 크게 벌리고 강가에
누워 편안한 오후를 즐기고 있다. 이때 굶주린 황새 한 마리가 슬
금슬금 다가오더니 날카로운 입을 벌려 껍질 밖으로 나와 있는 신
선하고 부드러운 조갯살을 깨물었다. 예기치 못한 황새의 공격을
받은 민물조개는 재빨리 딱딱한 껍질을 닫아 황새의 긴 주둥이를
깨물었다. 황새가 아무리 발버둥 쳐도 조개는 꿈쩍도 하지 않았
다. 오히려 조개껍데기는 더욱 세게 조여 왔다. 화가 잔뜩 난 황새
가 조개에게 말했다.

"조개야, 우리 이렇게 사납게 싸울 필요가 뭐 있니? 계속 비가

오지 않으면 너는 말라죽을 거야. 그때 너는 내 밥이 될 테니까."

속살이 황새에게 물려 너무 아팠지만 그렇다고 물러날 조개도 아니었다.

"네가 죽기 전에 어림도 없어. 네가 굶어 죽을 때까지 계속 버티고 있을 거야."

황새와 조개는 서로 한 치의 양보도 없이 버티고 있었다. 그때 마침 멀리서 이 모습을 바라본 어부가 재빨리 달려와 황새와 조개를 잡아 한꺼번에 망태에 담았다. 망태에 갇힌 황새와 조개는 그때야 후회했지만 이미 때는 늦었다. 황새와 조개는 그날 저녁 어부의 맛있는 저녁 반찬거리가 되고 말았다.

이솝우화에 뱀의 이야기가 나온다. 뱀의 머리와 꼬리가 서로 리더가 되어 앞장서겠다고 경쟁하다가 다함께 망한다는 이야기다.

어느 날 뱀의 꼬리가 자신이 지도자가 되겠다고 앞으로 나섰다. 그러자 뱀의 머리가 말했다.

"눈도 없고 코도 없으면서 어떻게 앞장을 서겠다는 거야?"

꼬리가 한사코 생각을 바꾸지 않자 머리도 이내 설득을 포기했다. 앞을 못 보는 꼬리가 이끄는 대로 끌려 다니다 보니 몸은 엉망진창이 되었고, 결국 돌맹이가 가득한 구멍에 빠져서 등뼈가 부러지고 온몸에 멍이 들었다. 그러자 꼬리는 아양을 떨면서 머리에게 말했다.

"머리님, 절 좀 살려주세요. 제가 잘못했어요."

그러나 때는 이미 늦었다. 꼬리는 더 이상 회복할 수 없을 정도로 상처를 입자 머리 역시 고통을 느끼기 시작했다. 무모하게 경쟁을 하다가 함께 망한 것이다.

영원한 라이벌이 되어 숙적이 된 세 나라 이야기

라오스에는 메콩강이 흐른다. 최근에 라오스는 이 메콩강 상류에 댐을 지어 저수지를 만들고 전기를 생산하겠다고 하여 주변국들을 긴장시켰다. 이 메콩강은 라오스를 관통하여 캄보디아를 거쳐 베트남으로 흘러간다. 베트남에서 이 메콩강은 10갈래로 나뉘어 무려 600만 명의 농어민들이 먹고사는 거대한 젖줄을 형성한다. 베트남의 메콩강변은 아시아의 쌀농사 40%에 가까운 방대한 양을 생산하고 있는 곳이다. 그런데 만약 라오스가 이 메콩강 상류에 댐을 지어 수력발전소를 세운다면 베트남은 물론 캄보디아도 상당한 타격을 입게 된다. 그리하여 주위의 두 나라는 결사적으로 반대하며 라오스의 태도를 예의주시하고 있다. 라오스, 캄보디아, 베트남은 이 메콩강으로 인해서 영원히 경쟁할 수밖에 없는 영원한 숙적이 되었다.

위의 사례를 통해서 우리가 깨달아야 할 것은, 경쟁해야 할 때와 협력해야 할 때를 구분할 줄 아는 지혜가 필요하다는 것이다. 경쟁을 하든 협력을 하든 자신은 물론 자신이 속한 사회나 기업 그리고 국가가 경쟁력을 갖추었을 때 억울하게 손해를 보지 않는다는 사실이다.

경쟁하지 않고서 경쟁에 이긴 크레이그리스트

인터넷 사용자들 가운데 엄청난 호응을 일으켜온 온라인게시판 웹사이트 크레이그리스트의 화장 겸 CEO인 짐 벅마스터는 불필요한 이미지나 상업 광고 없이 오로지 대중을 위한 서비스를 제공하여 엄청난 성공을 거두자 〈포춘〉지는 입을 다물지 못했다. 〈포춘〉은 2005년 크레이그리스트의 매출이 대략 2천만 달러라면 회사를 경영하는 데 들어간 연간 비용은 고작 500만 달러로 추산했다.

크레이그리스트는 부동산부터 각종 물건, 구인, 구직까지 웹사이트에서 거래되는 미국 최대의 온라인 생활정보 사이트이다. 1995년 크레이그 뉴마크가 샌프란시스코에서 처음 시작했다. 이후 전 세계로 확산되었으며 현재 100여 개국에서 서비스를 제공하고 있다.

CEO인 벅마스터는 자신들의 회사가 성공한 것은 이단적인 방식이라고 하면서 흐뭇해했다. 즉 그들은 '브랜딩하지 않기, 방문자들을 이윤수단으로 여기지 않기, 경쟁하지 않기'의 아이러니한 성공법칙을 내세운 것이다. 벅마스터는 이 3가지 부분에 관심을 가지고 있지 않음으로써, 다시 말해 다른 기업과 반대로 행동함으로써 성공을 이끌 수 있었던 것이다.

크레이그리스트는 경쟁에 대한 시각이 남다르다. 경쟁 자체를 믿지 않기 때문이다.

"우리는 누구와의 경쟁도 생각해 본 적이 없습니다. 대중에게 서비스를 제공한다는 목표를 추구하고 유용한 웹사이트를 창출하려고 노력할 뿐입니다. 사람들이 사용하고 싶어 한다면 그걸로 된 겁니다."

다윈과 베르그송이 제시하는
경쟁력 기르는 법

▶▶▶

'경쟁력'이란 무엇일까? 경쟁력이란 말 그대로 경쟁에서 이기는 힘을 말한다. 예를 들어서 상품의 경우라면 동일한 목적을 가진 여러 상품 중 시장에서 더 많이 팔리는 것이 경쟁력 있는 상품이 된다. 이처럼 경쟁력이란 비교를 전제로 한다. 비교할 대상이 없다면 아무리 잘 팔려도 경쟁력을 논할 수 없다. 따라서 대체 가능성이 있으면 경쟁력이 없는 것이고, 없으면 경쟁력이 있다고 말할 수 있다.

오늘날 어느 분야에서나 마찬가지지만, 특히 비즈니스 세계에서 경쟁이 치열하다. 앞에서 지적한 바와 같이 우리는 무한경쟁

시대에 놓여 있다고 할 수 있다.

특히 조직에서 선입선출이 아니라면 퇴출순서를 정하는 기준이 바로 경쟁력이다. 대다수 기업에서는 나이나 직급에 관계없이 성과를 내지 못하거나 역량이 부족한 인력을 우선 퇴출시킨다. 보유 인력의 경쟁력이 기업 전체의 경쟁력을 좌우하기 때문이다.

경쟁에서 이기기 위해서는 경쟁력을 키워야 한다. 경쟁력을 키우기 위해서는 어떻게 해야 할까? 그 방법을 인문학의 고전 찰스 다윈의 『종의 기원』과 베르그송의 저서 『창조적 진화』에서 찾아본다.

찰스 다윈과 베르그송의
경쟁력 강화 방법

찰스 다윈은 『종의 기원』에서 생명체는 신이 창조한 것이 아니라 공통 조상으로부터 분기하여 각자 진화해온 결과라고 말했다. 여기서 우리가 주목할 것은 다윈의 진화론에서 경쟁력을 기르는 통찰력을 얻을 수 있다는 점이다. 다윈은 진화를 미소변이의 점진적 축적이라고 했다. 미소변이란 조그마한 변화를 말하는데, 조그마한 변화를 끊임없이 쌓아야 진화할 수 있다는 것이다.

조그마한 변화를 꾸준히 쌓을 때 비로소 진화한다는 것이다. 중간에 중단하면 진화도 중단된다는 것이다. 이것은 곧 경쟁력도 꾸준히 변화를 꾀해야 형성된다는 것이다. 꾸준함과 끈기가 있어야 경쟁력이 키워진다.

반면에 앙리 베르그송의 『창조적 진화』에 의하면 위험을 피해 약점을 숨긴 동물은 우선 안전하지만 그로 인해 운동을 하지 않아 마비 상태로 살게 된다고 말한다. 그러나 위험 앞에서도 굴하지 않고 약점을 드러내고 이동을 한 척추동물들은 현명하게 위험에 대처할 수 있게 되었다는 것이다.

사람들은 위험을 나쁜 것으로 생각하여 무조건 멀리하고 피하기만 하는 삶을 택하며 살아간다. 따라서 베르그송에 의하면, 오늘날처럼 경쟁이 심한 세계에서는 '안전 제일주의'가 현명한 자세가 아니라는 것이다. 그렇게 생활하면 경쟁력은 결코 키워지지 않는다. 그리하여 그는 최고의 경쟁력은 최고의 위험과 맞서 싸워 승리한 자의 몫이라고 말한다. 앙리 베르그송은 『창조적 진화』에서 다음과 같은 말로 결론을 내렸다.

"일반적으로 생명 전체의 진화에서도 인간사회의 운명 전개와 마찬가지로 최대의 성공은 최고의 위험을 무릅쓴 것들의 몫이다."

그는 경쟁력을 키우는 가장 확실한 방법은 위험을 무릅쓰고 그 위험에 당당하게 도전하는 것이라고 말한다.

경쟁의식을
고취하라

▶▶▶

역사학자 아놀드 토인비가 자주 하는 이야기가 있다. 즉 '메기로 청어를 긴장시킨다는 이야기'다. 생존하려는 의지를 통해 경쟁의식을 고취하는 가장 좋은 방법을 우화를 통해서 알려주고 있다. 이 이야기의 내용은 이렇다.

청어를 전문으로 잡는 어부가 있었다. 이 어부뿐만 아니라 그 지역에서 청어를 잡는 모든 어부들의 공통적인 고민이 있었는데, '어떻게 하면 산 채로 목적지까지 운반할 수 있을까?' 하는 것이었다. 청어는 힘들게 잡아서 목적지로 운송하는 도중 거의 죽어버리는 문제가 있었다. 바다에서 목적지까지 긴 시간에 걸쳐서 오는 도중 청어는 죽어버린다.

그런데 죽은 물고기는 산 고기만큼 제값을 받을 수 없기 때문에 어부들은 어떻게 하면 죽이지 않고 산 채로 목적지까지 운반할 수 있을지를 고민했다. 어선의 속도를 아무리 높여도 목적지에 도착하면 청어들은 거의 죽어있었다.

어느 날 한 어부는 바다에서 청어를 산 채로 목적지까지 운송해 와서 톡톡히 재미를 보고 있었다. 동료 어부들이 그에게 비결을 물었다. 그 어부는 좀처럼 입을 열지 않다가 동료 어부들이 간청하자 그제야 입을 열었다.

"뭐 별거 아니야. 나는 청어를 잡아 돌아오는 길에 청어가 들어 있는 수조 속에 메기를 한 마리 넣는다네. 그러면 메기가 청어를 잡아먹기 위해서 돌아다니는 동안 청어는 필사적으로 도망 다니지. 그러면 배가 목적지에 도착할 때쯤 되면 메기에게 청어 한두 마리는 잡아먹히지만 나머지는 도망 다니느라 긴장한 탓에 생생하게 살아있다네."

청어는 메기에게 잡아먹히지 않으려고 빠르게 움직일 수밖에 없다. 적으로부터 살아남기 위한 몸부림과 긴장감이 청어를 살아 있게 하는 원동력이 되었던 것이다.

우리 인간도 마찬가지다. 위험으로부터 생존하기 위해서 필사적으로 노력하는 과정에 그 위험을 극복할 수 있다. 이것은 기업에도 적용된다. 경쟁에서 살아남기 위해서 더 좋은 제품이나 서비스 상품을 개발하려고 연구하고 경쟁력 있는 상품을 만들기 위해서 최선을 다할 때 그 기업은 생존할 수 있는 것이다.

경쟁을 피할 수 있는
블루오션을 개척하다

한때 우리나라에서 블루오션 전략이 크게 유행한 적이 있다. '블루오션'은 경쟁이 치열하지 않은 시장을 의미한다.

『블루오션 전략』을 쓴 김위찬과 르네 마보안은 블루오션 전략과 레드오션 전략을 분석적으로 구분했다.

레드오션에서는 공급 측면과 관계가 있기 때문에 어느 한쪽이 시장을 더 많이 차지하면 다른 한쪽은 그만큼 시장을 잃을 수밖에 없다. 그러나 블루오션 전략은 수요 측면에 관련된 전략이므로 기존 시장의 범주에 얽매이지 않는다. 부富를 경쟁자에게서 빼앗아 오는 것이 아니라 새롭게 창출하는 것으로 발상의 전환이며 기존과 다른 새로운 시장을 찾을 수 있다는 것이다.

디엔티는 1999년 처음으로 사업을 시작할 때부터 특수 모니터를 목표로 했다. 왜냐하면 국내 기업이 모두 외면하고 있는 분야이기 때문이다. 전 세계 여상기 시장의 95%는 TV나 PC용 모니터가 차지한다. 나머지 5%가 군사용, 의료용 특수 모니터 시장이다.

특수 모니터 분야는 대기업을 비롯해서 국내 기업이 전혀 진출하지 않은 분야다. 이양기 디엔티 사장은 이런 점을 고려하여 특수 모니터 분야에 진출했으나 시장을 뚫기가 굉장히 어려웠다. 마침내 시장을 뚫는 데에 꼬박 3년이 걸렸다. 이렇게 어려운데도 불구하고 특수 모니터에 뛰어든 것은 환경변화에 둔하고 부가가치가 높기 때문이다. 특수 모니터는 고객이 주문 생산하는 맞춤형 상품이다. 따라서 대량 생산을 목적으로 하는 삼성이나 LG가 쉽게 사업을 벌이기가 힘든 것이다.

디엔티는 미국 스트라이커사와 제휴를 맺고 의료형 내시경 모니터를 개발해 주문자 상표를 붙이는 방식으로 공급하고 있다. 삼성 SDI, 삼성전자, 한솔 LCD 등에서 20년간 연구한 경험을 바탕으로 디엔티를 설치하여 독자적으로 개발에 성공한 것이다. 대기업이나 다른 기업과 경쟁에서 불리하다고 느꼈을 때는 경쟁하지 않고 생존할 수 있는 블루오션을 찾아보라고 한다. 이것 또한 성공의 길인 것이다.

진정한 리더는 처음과 끝이 같아야 한다

Chapter 6

인문학에서 배우는

리더의 자기관리

당장에 세상을 바꿀 만한 큰일을 생각할 필요가 없다.
하루하루를 성실히 살면 된다. 우선 자신의 인격을 정
직하게 세우고 자신이 한 약속은 크든 작든 간에 반드
시 지켜 신뢰를 얻으며 부하들이나 직원들에게 솔선
수범하는 행동을 할 때 얻어지는 것이다. 따라서 인격
은 하루아침에 형성되는 것이 아니다.

노자와 장자가 알려주는
리더가 되는 두 갈래의 길

▶▶▶

노자老子와 장자莊子 이 두 사람은 도가道家를 대표하는 춘추전국
시대의 사상가들이다. 도가는 공자와 맹자로 구분되는 유가儒家
학파와 쌍벽을 이룰 정도로 사상적으로 완성을 이룬 문파들이다.
흔히 많은 사람들은 장자가 노자의 사상을 계승한 것으로 알고 있
지만 최근에 와서 두 사람의 사상적 차이를 말하는 학자들이 많다.

먼저 두 사람은 '도道'에 대한 주장에서 차이가 있다. 먼저 노자
는『도덕경道德經』에서 다음과 같이 주장했다.

도는 하나를 낳고,

211

하나는 둘을 낳고,

둘은 셋을 낳고,

셋은 만물을 낳는다.

노자는 태초에 도가 있었다고 주장한다. 도에서 하나가 나오고, 하나에서 둘이 나오고, 둘에서 셋이 나오고, 셋에서 만물이 나왔다는 주장이다. 모든 존재의 근원에는 도가 자리 잡고 있다는 뜻이다. 도에서 만물이 생겨났으니 도가 만물을 생성시키는 근원이라는 것이다.

반면에 장자는 다르다. 장자는 『장자』〈제물론齊物論〉에서 다음과 같이 주장했다.

도는 걸어 다녔기 때문에 만들어진 것이고,

사물은 그렇게 불렀기 때문에 그렇게 구분한 것이다.

장자는 노자의 말처럼 도가 처음부터 존재하는 것이 아니라 '도道'는 길이므로 누군가에 의해서 만들어졌다는 것이다. 노자의 해석대로라면 도는 태초에 존재했던 것이고, 장자에 의하면 도는 처음에는 없었는데 누군가가 걸어감으로써 만들어졌다는 것이다.

노자의 주장을 리더에 비추어 생각해보자. 리더는 처음부터 운명적으로 태어났다는 것이다. 다시 말해서 이미 정해졌다는 것이다. 반면에 장자에 의하면 리더는 이미 정해진 것이 아니라 스스로 노력해서 만들어지는 것이다.

CEO가 되는
2가지 길

노자의 주장을 비즈니스에 적용하면 CEO는 이미 정해져 있다는 뜻이 된다. 이런 CEO로는 재벌 2세나 3세들이 해당될 것이다. 그들은 노자의 말대로 이미 운명적으로 재벌 회장의 자녀로 태어나면서 이미 사장이나 회장으로 정해진 것이다. 그들이 대학을 졸업하고 회사에 말단 직위에서 출발했다 하더라도 그것은 CEO가 되기 위한 수업에 지나지 않는다.

반면에 창업자나 자수성가하여 성공한 사장이나 CEO의 길은 장자의 주장대로 그들이 스스로 피땀 흘려 만든 것이다. 그들은 태어날 때부터 운명적으로 길道이 정해진 것이 아니라 아무도 가지 않았던 곳을 찾아서 열성과 의지로 그리고 끈기와 인내로 만들어 낸 것이다.

노자가 주장한 길은 누구나 걸어갈 수 없다. 노자의 주장대로 태생적으로 주어진 길이다. 그들은 그저 그 길을 벗어나지 않기 위해서 노력하여 다음 세대에게 넘기면 그것으로 끝이다. 반면에 장자가 주장한 도道는 길이 없는 험지와 산속을 헤매면서 길을 찾기 위해 밤낮을 가리지 않고 수고의 땀을 흘려서 개척해 만든 길이다.

그런데 오늘의 현실에서 보면 노자의 방법으로 성공한 사람도 있고, 장자가 말한 대로 자신만의 길을 개척하여 성공한 사람도 있다. 둘 중에 어느 쪽이 타당한지를 따져볼 일은 아니다. 왜냐하면 노자가 주장한 길은 평탄하지만 누구에게나 주어진 길은 아니기 때문이다. 자신이 놓인 상황에서 가장 가능하고 타당한 길을 찾아서 그 길에서 성공하면 되는 것이다.

훌륭한 인격을
갖추도록 노력한다

▶▶▶

리더들은 훌륭한 인격의 소유자들이다. 조지 워싱턴은 승리에 다다를 때까지 수많은 싸움에서 패배했음에도 불구하고 병사들로부터 신뢰를 잃지 않았다. 로버트 E. 리 장군 역시 오히려 패배한 경우가 더 많았음에도 불구하고 리더십을 이야기할 때는 빠지지 않고 거론된다. 그들은 모두 훌륭한 인격의 소유자였기 때문이다. 조지 마셜, 더글러스 맥아더, 드와이트 아이젠하워, 조지 S. 패튼 등은 지구상의 가장 큰 전쟁에서 지휘관으로 최고의 리더십을 발휘했다. 이것은 그들이 훌륭한 인격의 소유자였기 때문에 가능했다. 리더십이란 성실하고 고결한 성품 그 자체다. 아이젠하워는 이렇게 말했다.

"리더십이란 잘못된 것에 대한 책임은 자신이 지고, 잘된 것에 대한 모든 공로는 부하에게 돌릴 줄 아는 것이다."

그렇다면 어떻게 해야 지도자로서 인격을 닦을 수 있을까?

당장에 세상을 바꿀 만한 큰일을 생각할 필요가 없다. 하루하루를 성실히 살면 된다. 지도자의 인격은 우선 정직하고 자신이 한 약속은 크든 작든 간에 반드시 지켜 신뢰를 얻으며 부하들이나 직원들에게 솔선수범하는 행동을 할 때 얻어지는 것이다. 따라서 인격은 하루아침에 형성되는 것은 아니다.

솔선수범으로
존경받은 CEO

평범한 샐러리맨으로 시작해서 가장 연봉을 많이 받는 CEO로, 그리고 자신이 CEO로 있던 세계적인 기업 '휠라'를 인수하여 재계는 물론 세계를 놀라게 한 윤윤수 회장은 젊어서 샐러리맨으로 시작할 때부터 '어떤 상황에서도 정직하고 투명하게 살아야 한다'는 신념으로 살았다.

CEO가 되어서도 직원들과 격의 없는 대화를 나누고 정보를 공유하며, 자율성을 누구보다도 중요하게 생각한 그는 출근 시간도 자신과 회사와의 약속이므로 이것은 곧 신뢰로 이어진다고 생각했다. 그리하여 그는 스스로 회사에서 제일 먼저 출근하고 그다음으로 간부들이 출근하면 마지막에 말단 직원들이 출근한다. 그는 출근하는 작은 일부터 성실히 수행했다. 남보다 1시간만 일찍 침대 밖으로 나오면 그 시간이 인생을 바꿀 수 있다고 생각했다. 그는 정직과 신뢰를 바탕으로 한 훌륭한 인격을 젊어서부터 쌓아온 것이다.

신뢰는 2가지를 믿는 것을 의미한다. 하나는 인품을 믿는 것이고, 또 하나는 그의 능력을 믿는 것이다. 정직하고 숨김이 없으며 오만하지 않고 사람을 대할 때 공정하게 대하는 태도에서 신뢰를 얻는 좋은 인품이 생긴다. 반면에 능력을 믿는 것은 그가 이 회사를 잘 이끌어갈 수 있다고 믿는 것이다. 이 2가지를 믿도록 할 때 신뢰를 얻을 수 있는 것이다.

『대학』에서 배우는
리더의 덕목

▶▶▶

조선 후기 실학자 다산 정약용은 그의 저서 『목민심서牧民心書』
서문에서 "군자의 학문은 자신의 수양이 반이요, 나머지 반은 목
민牧民"이라고 했다. 고을을 다스리는 목민과 다시 말하면 오늘날
의 군수와 같은 지위에 있는 지도자가 고을을 다스리면서 지켜야
할 첫 번째 덕목으로 타인을 다스리기 앞서 자신을 다스려야 한다
고 말한 것이다. 이러한 주장은 오늘날 리더가 갖추어야 할 덕목
으로 충분히 가치가 있다고 생각한다. 타인을 잘 다스리기 위해서
는 먼저 자신을 잘 다스려야 한다는 말은 비단 정약용뿐만 아니라
사서삼경四書三經 중 『대학』에서도 가르친 말이다. 『대학』에서 자신

을 다스리라는 말을 다음과 같이 표현했다.

"수신제가치국평천하修身齊家治國平天下, 즉 먼저 자기 몸을 바르게 닦고, 그 후에 가정을 돌보며, 그 후에 나라를 다스리고, 천하를 태평하게 한다."

천하를 다스리려는 자가 제일 먼저 해야 할 일은 자신을 다스리는 일이다. 자신을 다스리지 못하면 가족도 남도 다스리지 못한다는 것이다. 그러면 자신을 잘 다스리려면 어떻게 해야 할까? 『대학』에서 그 해답을 찾을 수 있다.

『대학』격물치지格物致知 (1)에서는 군자의 도리에 해서 다음과 같이 설파했다.

예로부터 천하의 백성들에게
자기의 밝은 덕을 밝히고자 한 사람은
우선 자기 나라를 잘 다스렸으며,
나라를 잘 다스리고자 한 사람은
먼저 자기 가정을 바로 잡았다.
가정을 바로 잡고자 한 사람은
먼저 자기 자신을 잘 닦았으며
자신을 잘 닦고자 한 사람은 먼저
자기의 마음을 바르게 하였다.

마음을 바르게 하고자 한 사람은
먼저 자기 뜻을 성실하게 하였으며,
그 뜻을 성실하게 하고자 한 사람은
먼저 자기의 지식을 늘려야 했거늘,
지식을 완전하게 하는 것은
사물의 이치를 구명究明하는 데 있음이라.

『대학』 격물치지 (2)를 통하여 군자의 도리에 대해서 다음과 같이 설파하였다.

모든 사물의 진리를 구명하여 깨달으면
지식이 모든 면에 이르게 되고,
지식이 모든 면에 이르게 되면 뜻도 진실하여
망념妄念됨이 없어지며,
뜻이 진실하여 망념되지 않으면
마음이 곧아正 치우치지 않게 되며
마음이 곧으면 언행이 잘 다스려진다.
언행이 잘 다스려지면
가정이 바르고 화목해질 수 있으며
가정이 바르고 화목하면

나라를 훌륭하게 다스릴 수 있으며

나라를 훌륭하게 다스리면

천하는 태평하게 될 것이다.

『대학』은 오늘날 지도자나 CEO를 꿈꾸는 사람들이 어떤 자세로 살아야 할지를 잘 가르쳐 주고 있다.

분수를 모르고 살면
다 함께 망한다

▶▶▶

45세에 21세의 아내를 맞이한 도스토옙스키는 아내가 마냥 사랑스럽고 귀여울 수밖에 없었다. 그리하여 여유만 생기면 아내에게 선물을 했다.

"당신을 위해 오늘은 예쁜 꽃병을 하나 사왔소."

도스토옙스키의 아내 안나는 그런 남편의 마음을 알고 그럴 때마다 밝은 웃음으로 남편을 맞이했다. 그러나 현재 살아가는 형편도 모르고 마냥 선물만 하는 남편이 어떨 때는 야속하기도 했다. 그렇지만 그런 아내의 마음을 모르는지 도스토옙스키는 돈만 생기면 선물을 들고 들어왔다.

어느 날, 그날따라 안나는 돈이 몹시 필요했다. 도스토옙스키는 어디서 돈이 생겼는지 갑작스레 300루블이나 되는, 비싼 팔찌를 사 들고 와서 싱글벙글 웃으며 안나의 팔에 채워주는 것이었다. 안나는 "팔찌가 참 멋져요"라고 말하면서 이렇게 덧붙였다.

"내 팔에 맞지 않으니 도로 물러달라고 하세요."

사실 팔찌는 안나에게 잘 맞았다. 그러나 자신들의 형편에 300루블이나 하는 팔찌를 찰 수 없고, 그렇다고 해서 팔찌를 사온 남편의 마음을 상하게 하기 싫어서 그렇게 말한 것이다. 도스토옙스키는 아내의 이런 마음도 헤아리지 못하고 낭비벽은 사라지지 않았다. 그리하여 살림은 계속 궁핍할 수밖에 없었다.

안나는 도스토옙스키가 쓴 소설 『미성년』의 인쇄를 눈이 빠지도록 기다리고 있었다. 그런데 인세를 받은 도스토옙스키는 그 돈으로 아이들의 장난감과 아내의 비싼 옷 등을 산더미처럼 싸 들고 집으로 돌아왔다. 그러고는 신이 나서 아내에게 말했다.

"어때요? 내가 사 온 물건이 마음에 들어요?"

그러자 아내는 이렇게 말했다.

"네, 마음에 들어요. 그런데 오늘 저녁거리가 없는데 어떻게 하죠?"

이 일화는 현실과 동떨어져 사는 사람들의 비극을 잘 묘사한다. 이 이야기는 분수를 모르고 사치와 낭비를 일삼는 사람들은 가난을 면치 못한다는 교훈을 알려주고 있다. 이런 삶은 모두 자기관리를 제대로 하지 못한 데서 이루어진 것이다.

과욕으로 망한
국민소주

2004년 4월 25일, 80년을 이어온 '참이슬' 진로가 창업주 집안과 완전히 결별했다. 법원에 의해 법정관리되는 순간 당시 장진호 진로 그룹 회장이 가지고 있던 12.44%의 지분은 전량 휴지로 변하고 말았다. 그런데 진로는 2003년 5월 법정관리에 들어가는 상황에서도 2004년 한 해 동안 매출이 6,900억 원, 영업이익이 1,930억 원이나 되는 엄청난 실적을 올린 우량기업이었다. 1998년 700억 원이었던 영업이익은 6년 만에 2.5배나 급증한 것이다. 또한 시장 점유율은 2004년에 무려 55.3%까지 치솟았다.

하지만 진로 그룹의 창업주 2세인 장진호 회장은 회사가 놀라운 성장을 하자 과욕을 부리기 시작했다. 자신의 분수를 넘어서 명확한 목표 없이 이것저것 가리지 않고 손을 대기 시작한 것이다. 기업이 사업을 확장하기 위해서는 무엇보다도 그룹의 제한적 자원을 바탕으로 해야 하는데도 불구하고 과욕과 과신으로 인해서 분별없이 문어발식 확장을 도모한 것이다.

1989년 그룹 회장에 취임한 장진호 회장은 소위 주류회사의 이미지를 벗는다는 명목으로 유통업 이외에도 음료가공식품, 종합식품 업체를 향한 다각적인 방향으로 사업을 확장했다.

장진호 회장이 취임한 지 6년이 되던 해에 진로는 당시 창사 70주년을 맞이했다. 당시 진로는 지나친 확장 때문에 재무적으로 어려움을 겪고 있었고, 그 어려움 속에서도 중공업에까지 진출했다. 무모한 다각화로 인해 주력 기업인 진로는 감내하기 힘든 부담을 안게 되었다. 결국 진로는 큰 액수의 빚을 안게 되었다. 그리고 법정관리라는 최악의 상황을 맞게 된 것이다.

분수를 모르는 지나친 욕심으로 인해서 그렇게 단단하던 기업이 무너지고 만 것이다. 진로 그룹이 무너지는 데에는 채 10년도 걸리지 않았다.

돈의 양면성에 대한
인문학의 가르침

▶▶▶

미다스는 원래 몹시 가난한 농부의 아들이었다. 어느 날 아버지
와 함께 달구지를 타고 한 도시에 도착했다. 그런데 그 도시에서
는 서로 왕을 하겠다는 싸움이 벌어지고 있었다. 도저히 결론을
내리지 못한 주민들은 용한 점쟁이를 찾아가서 누구를 왕으로 뽑
으면 좋겠느냐고 묻자, 그 점쟁이는 곧 달구지를 타고 오는 사람
이 있으나 그가 왕의 운명을 타고났으므로 그를 왕으로 추대하라
고 했다.

마침 그때 미다스와 그의 아버지가 달구지를 타고 오는 것이었
다. 주민들은 그를 왕으로 추대했다. 그렇게 뜻하지 않게 왕이 된

미다스는 어느 날 주민들이 술을 먹고 취해서 숲에서 난동을 부리는 한 노인을 데리고 왔다. 그의 눈에는 그 노인은 사람이 아니라 신神 디오니소스를 모시는 숲의 신령이었다. 미다스는 그에게 향연을 대접하고 각별히 모신 다음 그가 모시는 신 디오니소스에게 데려다주었다.

미다스의 정성에 감복한 신 디오니소스는 그에게 무엇이든지 원하는 것을 들어 주겠다고 약속했다. 가난하게 자란 미다스는 돈을 원없이 써보고 싶었다. 그리하여 신 디오니소스에게 간청했다.

"내가 무엇을 만지든지 황금이 되게 해주세요."

신 디오니소스로부터 약속을 받은 미다스는 기쁜 나머지 궁전으로 돌아오자마자 신하를 불러 잔칫상을 차리도록 명했다. 그런데 미다스가 식사를 하기 위하여 밥을 만지자 밥이 금으로 변해버렸다. 술을 만지자 술도 금으로 변했고, 심지어는 사랑하는 딸도 안으려고 만지자 금으로 변해버렸다.

아무것도 할 수 없게 된 미다스는 그때야 자신의 지나친 욕심이 커다란 재앙으로 돌아온 것을 알고 후회했다. 그리고 다시 디오니소스에게 찾아가서 원상태로 회복시켜줄 것을 간청했다. 그러자 디오니소스는 미다스에게 동네 옆에 있는 강으로 가서 몸을 씻으라고 했다.

미다스가 신의 말대로 하자 지금까지 무엇이나 만지면 금으로 변하는 기이한 일이 벌어지지 않고 원래의 모습으로 되돌아왔다.

피터 버핏의
돈에 대한 가치관

워런 버핏은 어려서부터 보수적이고, 기독교 신자인 공화당 연방의원을 지낸 그의 아버지로부터 많은 영향을 받았다. 워런 버핏은 아버지로부터 살아가는 데에 필요한 교훈도 들었으며, 성공하기 위해서 반드시 해야 할 일이 무엇인지에 대해서 여러 가지 이야기를 많이 들었다. 일찍 자고 일찍 일어나는 습관을 가져야 한다는 것도 그때 들은 교훈 중에 하나였다. 워런 버핏은 또한 어려서부터 집에서 심부름이나 청소 등 자질구레한 일을 해주고 부모로부터 용돈을 탔다. 그의 가정은 넉넉한 집안이라 일을 하지 않고도 부모로부터 용돈을 탈 수 있었으나 그는 그렇게 하지 않았다.

워런 버핏은 아침 일찍 일어나서 우선 방을 깨끗이 청소하고 난 후 부엌에서 일하는 어머니를 도와 쓰레기를 버리는 등의 일을 했다. 그러면 워런 버핏의 어머니는 1센트를 주면서 "이것은 네가 엄마를 도와준 대가다"라고 말했다. 그러면 워런 버핏은 그것을 허리에 차고 다니는 주머니에 넣었다. 그러고는 방으로 달려가서 노트에 날짜와 어머니로부터 받은 액수를 적었다. 그런 습관은 그가 아버지로부터 배운 것으로, 그의 경제생활에 첫걸음이 되었다.

워런 버핏은 어려서부터 주머니 3개를 만들어서 허리에 차고 다녔고 그때그때 받은 내용과 사용 용도에 따라 돈을 각각 다른 주머니에 넣었다. 그러고는 무엇을 해서 어떻게 벌었고, 얼마를 지출했으며, 어디에 효과적으로 써야 할지 계획을 짠 다음 노트에 적어서 그대로 실천했다. 이렇게 세계 최대 부자의 대열에 오른 워런 버핏은 자녀교육에 있어서도 자신이 배우고 깨달은 그대로 가르쳤다.

워런 버핏은 돈이 많아도 자녀들이 달라는 대로 다 주지 않았으며 그 대신 가치관을 심어주었다. 즉 돈은 노력의 대가로 얻어지는 것이며, 부모 자식 간에도 그냥 주거나 받는 것이 아니라는 것을 가르쳤다.

그는 부잣집에서 태어난 것보다 스스로의 힘으로 자신의 삶을 성공적으로 개척할 수 있도록 해준 부모님을 만난 것이 행운이라고 말한다. 그는 아버지로부터 '태어날 때 물고 나온 은수저가 까딱 잘못하면 은비수가 되어 등을 찌를 수 있다'는 가르침을 수없이 받았다. 부의 상징인 은수저를 물고 태어나는 것은 큰 행복이지만 그 특권에 취해 살면 그 은수저가 자신도 모르게 오히려 파멸의 근원이 될 수 있다는 것이다. 그는 그런 부모의 가르침을 결코 잊지 않았고, 그 역시 자녀들에게 그렇게 가르쳤다.

경영자의
최고의 조건, 경험

▶▶▶

한 어촌에 고기를 잡는 최고의 기술을 가진 최고의 베테랑 어부가 살고 있었다. 그는 자타가 공인하는 최고의 어부였다. 사람들은 그를 '어부왕'이라고 불렀다. 그런데 이 어부왕은 나이가 들자 고민이 생기기 시작했다.

그에게는 세 아들이 있었는데, 어부 왕 아버지와 달리 고기 잡는 기술이 영 엉터리였다. 그래서 어부왕은 세 아들이 어렸을 적부터 고기 잡는 기술을 가르쳤다. 그런데도 주위의 보통 어부들의 아들만도 못했다. 그러던 어느 날 어부왕은 부근에 사는 어느 현자를 찾아가 자신의 고민을 말했다.

"제 자식에게 어려서부터 늘 고기 잡는 법을 가르쳤건만 도대체 누굴 닮아서 그런지 영 소질이 없습니다."

"고기 잡는 기본부터 가르쳤는가?"

"예, 어디 그뿐이오. 조수의 흐름에다가 어기漁期까지… 내가 쌓아온 모든 경험을 빠짐없이 가르쳤건만 보통 어부의 자식만도 못하니 이를 어쩌면 좋습니까?"

그러자 현인이 물었다.

"이제까지 모든 것을 직접 가르쳤는가?"

"그렇죠. 최고의 어부를 만들기 위해 인내심을 가지고 다 가르쳤습니다."

"잘 따라오던가?"

"물론입니다. 제가 시키는 대로 고분고분 잘 따라 했습니다."

그러자 현인은 자리를 일어서면서 이렇게 말했다.

"문제가 무엇인지 이제 알겠네. 자네는 기술을 가르쳤지만 경험을 가르쳐주지 못했어. 특히 고기를 잡다가 실패하는 경험을 가르쳐주지 못했지. 성공하기 위해서는 성공의 경험 못지않게 실패의 경험도 중요한 법이라네."

자신을 되돌아볼 때
평안을 얻는다

성공한 한 사업가가 남들로부터 성공했다는 소리를 들었으나 본인은 뭔지 모르게 허전함을 느꼈다. 공허한 마음을 느낀 그는 초등학교 동창이자 어부로 살고 있는 친구를 찾아갔다. 친구를 만나 자신의 허전함을 이야기하자 친구는 그에게 말했다.

"물고기는 육지에서 살 수 없고, 세상의 구속을 받으면서 살 수도 없네. 물고기가 바다로 돌아가듯 자네도 편안한 세상으로 돌아오게."

그러자 사업가 친구는 화를 내면서 말했다.

"그럼 나더러 하던 사업 집어치우고 고향으로 돌아오라는 말인가?"

그러자 어부 친구는 진지한 표정으로 말했다.

"그게 아니고, 사업은 계속하되 자네 내면의 깊은 곳을 들여다보게. 자신을 되돌아볼 때 오랫동안 찾아 헤매던 평안을 얻을 수 있네. 사업의 목표를 달성하는 것도 중요하지만 무엇보다도 중요한 것은 생명의 의미를 찾는 것일세. 바쁜 일상 속과 수많은 인파 속에서는 들리지 않는 법이네. 한 발짝 물러서서 자신의 삶을 되돌아볼 때 진정한 자신의 모습을 발견할 수 있네."

경험보다
더 좋은 선생은 없다

▶▶▶

『한비자韓非子』설림편說林篇에는 관중의 경륜을 한마디로 표현해 주는 '노마지지老馬之智'에 관한 이야기가 나온다.

제나라의 환공이 관중과 습붕 등을 이끌고 소국인 고죽국을 토벌할 때의 일이다. 봄에 토벌이 시작되어 귀로에 오를 때는 겨울이 되었다. 눈보라가 휘날리는 악천후 속에서 길을 잃고 대장들은 벌벌 떨고 있었다. 이때 관중이 부하를 불렀다.

"싸움터에 많이 다녀본 늙은 말이 있느냐?"

부하가 대답했다.

"한 마리가 있습니다. 늙어서 힘은 부족하지만 여러 번 싸움에 나갔던 말입니다."

관중은 그 말을 찾아서 끌고 오라고 했다.

부하가 그 말을 끌고 오자 군사들에게 명령했다.

"모두 이 말을 따라 천천히 행군하라."

병사들은 모두 관중의 명령에 의해 늙은 말의 뒤를 따라 행군한 지 얼마 안 되어 큰 길이 나타났고, 환공의 부대는 무사히 귀국할 수 있었다. 환공은 귀국하자마자 관중에게 물었다.

"대감은 어떻게 그 말이 길을 알 것이라고 생각하셨소?"

그러자 관중은 이렇게 말했다.

"여러 번 싸움에 다녀본 경험 많은 말은 본능적인 감각으로 길을 찾는 법입니다."

이에 한비자는 "관중이 성聖으로써도 알지 못하는 곳에 이르면 늙은 말의 지혜를 스승으로 삼는 것도 꺼리지 않았다"고 설파하고 있다.

한비자는 이 늙은 말의 지혜를 계기로 환공은 경험보다 더 좋은 선생은 없다는 것을 알게 되었다고 말했다. 경험, 특히 실패의 경험은 결코 무시할 수 없으며 오히려 성공의 길잡이가 된다는 것을 보여준 이야기다.

실패의 경험을 바탕으로 사업에 성공한
카스의 김동진 사장

전자저울 전문업체 카스의 김동진 사장이 사업을 시작한 때는 아직도 접시저울의 위세가 당당하던 1983년이었다. 핵심 기술인 센서를 천신만고 끝에 독자적으로 개발한 그는 자체 제작한 전자저울을 시장에 내놓았지만 반응이 신통치 않았다. 그 이유로는 "비싸다, 필요 없다"였다. 그런데 김 사장이 정확한 이유를 알게 된 것은 얼마 지나지 않아서였다. 상인들은 재래식 저울로 눈속임해가며 마진을 속였다. 그러다 보니 전자저울이 득보다는 실이 많았던 것이다.

김 사장은 새벽부터 직원들과 함께 시장을 누볐지만 문전박대나 욕설을 듣는 것이 일쑤였다. 그때 사업이 이렇게 어려운 것을 알았다는 것이다. 방법을 찾다가 "사는 사람이나 파는 사람이나 모두 기분이 좋아집니다. 시대가 바뀌었습니다"라는 피켓을 들고 거리에 나서기도 했으나 소용이 없었다.

김 사장은 절망감을 느꼈다. 그러나 그는 포기하지 않았다. 그러던 중 반전의 기회가 찾아왔다. 구청직원의 도움으로 정육시장에 납품하게 되면서 기대 이상의 반응이 터졌다. 전자저울을 갖춘 가게로만 손님이 몰리면서 그때부터 판매량이 꾸준히 늘었다. '전자저울을 갖춘 가게는 속이지 않는다'는 생각이 고객을 전자저울이 있는 가게로 오게 한 것이다.

국내에서 기반을 확실히 다진 카스는 마침내 1987년 5월 포르투갈에 전자저울을 수출하기 시작했다. 한국을 여행하던 바이어가 주간지에 난 광고를 보고 주문한 것이다. 그때부터 카스는 문자 그대로 성장의 고속도로를 달리기 시작했다. 카스는 터키, 폴란드, 체코, 루마니아, 헝가리 등 유럽 지역에 수출을 계속해 나갔다.

김 사장이 여기까지 온 것은 오로지 직원들이 어려움을 참고 묵묵히 자기 일을 해왔기 때문이라며 직원들에게 그 공을 돌렸다. 무엇보다도 김 사장이 오늘날 성공하게 된 동기는 불굴의 인내심과 앞만 보고 달린 결과였다.

진정한 리더는
처음과 끝이 같아야 한다

▶▶▶

리더는 초심을 잃지 말아야 한다. 처음에는 훌륭했던 리더가 점차 초심을 잃고 균형감을 잃어가는 경우가 많다. 그리하여 끝까지 훌륭한 행실을 이어가는 리더는 많지 않다.

당태종은 즉위했을 때와 달리 세월이 지나면서 초심이 흔들리자 그의 부하 위증은 당태종을 향해서 10가지를 들어서 마지막 고언을 했다.

첫째, 탐욕의 싹을 자르라.
둘째, 겸허와 검소를 되찾으라.

셋째, 자신을 억제함으로써 모두를 이롭게 하라.

넷째, 군자를 가까이 하고 소인을 멀리하라.

다섯째, 순박한 본성으로 돌아가라.

여섯째, 신상필벌의 원칙을 엄격히 지켜야 한다.

일곱째, 빈번한 사냥은 재앙을 부른다. 자제하라.

여덟째, 신하와의 신뢰를 다시 구축하라.

아홉째, 겸손만이 오만과 욕망에서 구해준다.

열째, 처음에 가졌던 뜻을 끝까지 한결같이 견지堅持하라.

이것은 기업의 CEO에게도 적용된다. 창업할 때는 깊이 걱정하면서 성심껏 부하 직원들을 대하다가 기업이 안정을 찾자 태도가 달라진 사장들이 많다. 이들은 그 기업이 몇백 년 갈 것처럼 생각하며 오만해지고, 사람들을 무시하고, 사치와 낭비로 세월을 보내다가 결국 패망하고 만다.

CEO로서 성공하기 위해 길러야 할 3가지 능력

해외의 한 컨설팅업체에서 전 세계 성공한 경영인 60명을 상대로 심층 인터뷰를 했다. 이 결과에 의하면 CEO가 성공하기 위해서는 적어도 3가지 능력이 필요하다고 보고했다.

첫 번째 능력은 큰 그림을 볼 수 있는 능력이고, 둘째는 큰 그림 속에서 자사의 위치를 정확하게 파악하는 능력이고, 셋째는 한두 단계 미리 앞서 생각할 줄 아는 능력이라고 했다. 큰 그림을 보는 능력은 교육을 통해서 가능하다. 소위 비즈니스 환경이라는 것은 기업에서 수십 년 동안 사용해온 용어 중의 하나이다. 큰 그림을 보고 분석하는 프레임이 있지만 대부분의 기업들이 이 프레임을 모르고 있다.

또 큰 그림 속에서 자신의 기업이 어디에 있는지를 이해하기 위해서는 시장 참여자들 간에 힘의 관계를 명확히 이해한 상태에서 자기 회사를 제3자의 시각에서 바라볼 수 있어야 하고, 이러한 과정을 통해 기업의 포지션을 정확히 파악할 수 있어야 한다.

한두 단계 앞서 생각하는 능력은 가르쳐서 되는 일이 아니라, 평소 미래를 예측하는 훈련을 통해 기를 수 있다. 예를 들어, 비즈니스 워 게임War Game 과 같은 전략 시뮬레이션을 활용할 수 있다.

중국 고전에서 리더의
효과적인 휴식방법을 익힌다

▶▶▶

중국 고전 『후한서後漢書』에는 '항아리 속의 세상'이라는 이야기가 나온다.

고대 중국에 비장방이라는 방사方士(고대 중국에서 의술이나 연금술 등 기예를 닦은 사람)가 시장 관리직을 맡고 있을 때의 일이다. 어느 날 관청 2층에서 밖을 내다보니 성벽을 따라 노천에 상인들이 줄지어 서 있었다. 저녁이 되자 한 노인이 가게를 접더니 뒤쪽 성벽에 걸려 있는 항아리 속으로 쑥 들어가 버리는 것이었다. 그는 '저 사람이 바로 선인仙人이구나' 하는 생각에 끝까지 지켜보았다. 다음 날 그 노인이 가게 문을 닫을 때를 기다려 그곳으로 가서 간곡히 말했다.

"저는 어제 항아리 속으로 사라지는 것을 보았습니다. 당신은 선인이시죠. 저도 꼭 데려가 주십시오."

그리하여 비장방은 노인을 따라 항아리 속으로 들어가게 되었다. 문득 정신을 차려 보니 더할 나위 없는 절경이 펼쳐졌고, 휘황찬란한 궁전으로 안내를 받고 돌아왔다.

이것은 인간이 어떠한 처지에 있더라도 자신의 내면의 세계를 볼 수 있으며, 그 항아리 속에서 즉 그 내면에서 무엇을 보느냐에 따라 그 사람의 정취가 달라진다는 것을 말해준다.

우리는 살아가면서 많은 사람을 만난다. 또 다양한 사람들을 만난다. 그런 만남 속에서 그들을 통하여 여러 가지를 듣고 배우고 익히며 살아간다. 따라서 많은 사람을 만나며 대화를 나누면서 살아야 한다. 특히 기업을 하는 경영인들은 더욱더 다양하게 많은 사람을 만남으로써 정보를 얻고 그 정보를 통해서 전략을 세울 수 있다. 그러나 비장방이 항아리 속에 들어가서 절경이 펼쳐지는 것을 보듯이 우리 내면의 세계 속으로 들어가서 내면이 말하는 것을 들어야 한다. 그 내면의 소리에는 우리가 지금까지 깨닫지 못했던 것들, 고민하던 것들에 대한 해답을 찾을 수 있다. 비장방이 항아리 속으로 들어가기 위해서 하던 일을 멈추고 선인을 따라가듯, 자신의 내면의 소리를 듣기를 원한다면 하던 일을 멈추고 잠시 쉬는 시간을 가져야 한다.

기업을 이끄는 경영인들은 항상 긴장 속에서 지낸다. 그런데 긴장 속에서 지내다 보면 정신적으로나 육체적으로나 오래 버틸 수 없다. 누구에게나 활력을 되찾을 수 있는 자신만의 시간과 장소가 필요하다. 삶을 활기차게 만드는 취미 활동을 하거나 스포츠 활동을 통해 땀을 흘리는 것도 중요하다. 때로는 산과 바다, 숲 등 자연과 하나가 되어 몸과 마음을 쉬어 주고 재충전하는 것이 좋다. 리더의 건강을 위해서 또 하나 중요한 것은 수면이다.

"수면에는 굉장한 것이 준비되어 있다. 상쾌하게 잠을 깨는 것이 바로 그것이다. 하지만 훌륭한 수면이란 없다."

프랑스의 소설가 앙드레 지드의 말이다.

수면에는 뇌가 활동하는 동안 신체는 이완되는 렘Rem수면과 잠든 직후 나타나며 사람들이 가장 깊이 잠든다는 논렘Non-Rem수면으로 이루어져 있다고 한다. 사람이 잠을 잘 때 렘수면과 논 렘수면을 반복하기 때문에 하루 6시간, 7시간 반, 9시간 단위로 잠을 자는 것이 좋다고 한다. 일주일이라는 단위는 우리가 예로부터 몸에 익혀온 생활리듬이다. 그 생활리듬을 깨뜨리지 않으려면 아무리 바빠도 일주일에 한 번은 느긋하게 휴식을 취하면서 재충전을 위한 시간을 보내야 한다. 그래야만 에너지가 충만한 상태에서 업무에 집중할 수 있다.

독서 경영의
도입

　　오늘날 많은 기업들이 독서경영을 실천하고 있으며, 독서경영이 경영 혁신 전략의 하나로 인식된다는 측면에서 지식경영의 새로운 트렌드로 정착되고 있다. 특히 여러 가지 경영 혁신 방안들이 서구로부터 전해진 것이지만, 독서경영은 한국적 경영 기법으로 등장한 것이다.

　　독서경영은 책을 읽고 토론하면서 책 속에서 지식과 정보 기술, 노하우, 아이디어, 영감 등을 얻고 다양한 방식의 관리를 통해 전파하거나 공유함으로써 개인과 기업의 생산성을 높여가는 새로운 경영기법이다.

　　따라서 독서 경영은 급변하는 세계경제 환경에서 생존을 위한 필수 조건이 되고 있으며, 세계적인 리더들의 공통적인 경쟁력의 요소가 되고 있다. 또한 오늘을 이해하고 내일을 준비하는 요소이자, 평생 교육을 지향하는 측면에서 독서경영은 당연한 흐름이며, 성인 교육의 장으로 연장되는 것이라고 볼 수 있다.

　　독서경영의 효과로 기업적인 측면에서만 볼 때 토론 문화의 정착, 주인 의식 및 애사심 고취, 부서 간의 장벽 제거, 경영 이념과 비전의 공유, 생산성 및 기업 성과의 향상 등을 들 수 있다.

대외적인 측면에서 효과는 깨끗한 이미지 제고, 인재를 기르는 이미지 부각, 윤리경영 및 나눔 경영의 실천, 회사 문화의 사회적 전파 등을 들 수 있다.

참고자료

『리더를 위한 인문학』, 이호건 지음
『세계를 무대로 뛰는 한국의 작지만 강한 기업』, 한국일보 경제산업부 지음
『공병호의 대한민국 기업흥망사』, 공병호 지음
『인문의 숲에서 경영을 만나다』, 정진홍 지음
『CEO, 역사에게 묻다』, 김경준 지음
『삼국지 경영학』, 최우석 지음
『CEO를 위한 인문학』, 김환영 지음
『비즈니스 인문학』, 조승연 지음
『생활 속의 경영학』, 장영광, 정기만 지음
『통찰로 경영하라』, 김경준 지음
『CEO 리더십』, 신박제 외 15인 지음
『스토리 창업 경영』, 유성은 지음
『비즈니스를 위한 법칙상식』, 정재학 지음
『비즈니스를 위한 역사상식』, 박영수 지음
『고전에서 배우는 리더십』, 서진수 편저
『삼국지는 인생이다』, 김영진 편저
『지혜』, 지양용 지음, 김주아 옮김
『대학』, 황병국 옮김
『착한 경쟁』, 전옥표 지음

신인문학 경영의 지혜

초판1쇄 인쇄 2019년 10월 2일
초판1쇄 발행 2019년 10월 8일

지은이 | 선호상
펴낸이 | 임종관
펴낸곳 | 미래북
편   집 | 정광희
본문 디자인 | 디자인 [연:우]
등록 | 제 302-2003-000026호
본사 | 서울특별시 용산구 효창원로 64길 43-6 (효창동 4층)
영업부 | 경기도 고양시 덕양구 화정로 65 한화오벨리스크 1901호
전화 02)738-1227(대) | 팩스 02)738-1228
이메일 miraebook@hotmail.com

ISBN 979-11-88794-54-6   03320